~~DEMOCRACIA~~
~~AMEAÇADA~~

CB036781

COPYRIGHT © FARO EDITORIAL, 2020
ORIGINAL TEXT © WONG CHI FUNG 2020
ENGLISH TRANSLATION © WONG CHI FUNG AND JASON Y. NG 2020
FIRST PUBLISHED BY WH ALLEN, AN IMPRINT OF EBURY PUBLISHING.
EBURY PUBLISHING IS PART OF THE PENGUIN RANDOM HOUSE GROUP OF COMPANIES.

Todos os direitos reservados.
Nenhuma parte deste livro pode ser reproduzida sob quaisquer meios existentes sem autorização por escrito do editor.

Diretor editorial **PEDRO ALMEIDA**
Coordenação editorial **CARLA SACRATO**
Preparação **DANIEL RODRIGUES AURÉLIO**
Revisão **MONIQUE D'ORÁZIO**
Design de capa **JACK SMYTH**
Adaptação de capa e diagramação **OSMANE GARCIA FILHO**

Dados Internacionais de Catalogação na Publicação (CIP)
Angélica Ilacqua CRB-8/7057

Wong, Joshua, 1996-
    Democracia ameaçada : a liberdade de expressão em risco e porque precisamos agir, agora / Joshua Wong ; tradução de Carlos Szlak. — São Paulo : Faro Editorial, 2020.
    208 p.

    Título original: Unfree speech
    ISBN 978-65-86041-25-5

    1. Democracia 2. Movimentos sociais 3. Liberdade de expressão 4. Wong, Joshua, 1996- Narrativas pessoais 5. Hong Kong — Política e governo 6. Jovens — Atividades políticas I. Título II. Szlak, Carlos

20-2146   CDD 321.8

Índice para catálogo sistemático:
1. Democracia : Liberdade de expressão   321.8

1ª edição brasileira: 2020
Direitos de edição em língua portuguesa, para o Brasil, adquiridos por FARO EDITORIAL

Avenida Andrômeda, 885 — Sala 310
Alphaville — Barueri — SP — Brasil
CEP: 06473-000
www.faroeditorial.com.br

JOSHUA WONG
COLABORAÇÃO DE JASON Y. NG

DEMOCRACIA AMEAÇADA

A LIBERDADE DE EXPRESSÃO EM RISCO E POR QUE PRECISAMOS AGIR, AGORA.

Tradução
CARLOS SZLAK

Para aqueles que perderam sua liberdade
lutando por Hong Kong

SUMÁRIO

9   Introdução de Ai Weiwei: Uma nova geração de rebeldes

11   Prefácio de Chris Patten

13   Prólogo

17   **ATO I: GÊNESE**

19   1. Rumo à Terra Prometida: A ascensão dos novos honcongueses

27   2. O Grande Salto para Frente: O grupo Escolarismo e o programa de Educação Nacional

40   3. Onde estão os adultos? O Movimento dos Guarda-Chuvas

53   4. De manifestantes a políticos: A fundação do Demosistō

61   **ATO II: ENCARCERAMENTO: CARTAS DE PIK UK**

165   **ATO III: A AMEAÇA À DEMOCRACIA GLOBAL**

167   1. A crise do projeto de lei de extradição: Uma tendência global de democracia baseada no cidadão

176   2. Peixe fora d'água: A contagem regressiva para 2047

182   3. Um mundo, dois impérios: Uma nova Guerra Fria

188   4. Sinal de alerta: Um manifesto global pela democracia

197   Epílogo

201   Agradecimentos

205   Cronologia dos principais acontecimentos

INTRODUÇÃO

Uma nova geração de rebeldes

Joshua Wong representa uma nova geração de rebeldes. Eles nasceram na era da globalização pós-internet, surgida entre o final da década de 1990 e o início da década de 2000, sob uma moderna estrutura social e de conhecimento, que era relativamente democrática e livre. Sua visão de mundo é bastante diferente da visão da cultura capitalista estabelecida, obcecada pelo lucro acima de tudo.

Do Movimento dos Guarda-Chuvas de 2014 aos protestos atuais, que estimularam mais de cem dias de resistência, vimos a ascensão de um rebelde muito especial e inteiramente novo em Hong Kong. Joshua e seus contemporâneos são a vanguarda desse fenômeno. Eles são racionais e íntegros, claros como cristal em seus objetivos e tão exatos quanto os números. Tudo o que exigem é um valor único: liberdade. Acreditam que salvaguardando as liberdades de todos os cidadãos, demonstrando seus direitos de maneira bem visível, é possível alcançar justiça e democracia em qualquer sociedade.

Lucidamente, essa geração entende que a liberdade não é uma condição dada. Ao contrário, é algo a ser alcançado por meio de esforço e luta constantes. Esses jovens assumiram grande responsabilidade e muitos agora estão sofrendo por causa disso. Alguns perderam suas promissoras vidas jovens. Mas esses ativistas podem e vão alcançar seu objetivo, porque todos sabemos que liberdade sem dificuldade não é liberdade verdadeira.

A liberdade verdadeira encontra seu valor no trabalho duro e na determinação. Isso é o que a geração de Joshua percebeu graças às suas próprias experiências. Eles se confrontam com um regime autoritário: uma personificação do poder estatal centralizado e da repressão aos direitos humanos que vemos na China e em outros países ao redor do mundo. A dimensão simbolizada por esse regime eleva as iniciativas da geração de Joshua a um heroísmo encontrado nos mitos: o oprimido que trava uma luta contra as poderosas forças das trevas. Estou confiante de que os cidadãos de Hong Kong, e aqueles que marcham por seus direitos e causas em outros lugares, derrotarão o *establishment* massivo com a mensagem mais poderosa: justiça e liberdade para todos.

A geração de Joshua defende dois dos valores mais preciosos criados pela humanidade ao longo de milhares de anos: equidade social e justiça. Esses são os pilares mais importantes de qualquer civilização. Ao longo da história, em busca desses princípios, os seres humanos pagaram um preço alto, com muitas mortes, infortúnios, traições e casos graves de oportunismo.

Atualmente, vemos essa traição e oportunismo em todos os lugares do chamado mundo livre. No Ocidente, é onipresente. A geração de Joshua está desafiando abertamente todos esses atos de duplicidade, fraqueza e evasão em nome da defesa das crenças básicas da humanidade.

Os jovens de Hong Kong estão realizando um grande ideal social com espírito de sacrifício semelhante à fé ou à religião. Juntos, suas ações, seu entendimento inerente do conflito e sua consciência das realidades difíceis que enfrentam estão ajudando o mundo inteiro a reconhecer o que é uma revolução verdadeira. É isso que esperávamos, e espero que a revolução conduzida por Joshua e sua geração seja testemunhada em todo o mundo.

Ai Weiwei
18 de outubro de 2019

PREFÁCIO

Uma das leis imutáveis da história é que não é possível derrotar uma ideia aprisionando seus defensores. Isso não mudou por causa de algumas supostas diferenças nas grandes civilizações mundiais: de fato, algumas das lições mais importantes sobre democracia, autodeterminação e desobediência civil foram ensinadas por asiáticos, de Mahatma Gandhi a Kim Dae-jung.

Assim como não me parece que mudou ao se falar da saúde e vitalidade sustentável a longo prazo de uma comunidade, se seus líderes não puderem lidar com a dissidência sem tentar sufocá-la. Pode-se censurar a expressão do pensamento livre reprimindo as manifestações na internet, prendendo jornalistas ou até tentando acabar com as piadas (sob nenhuma circunstância, deve-se mencionar qualquer um dos personagens de *O Ursinho Pooh* em Pequim, principalmente se você estiver segurando um guarda-chuva amarelo!). Por mais poderoso que você seja, tampouco pode impedir as pessoas de pensar; além disso, mais cedo ou mais tarde, as boas coisas que elas pensam expulsam as coisas ruins que os autoritários procuram impor.

A razão pela qual o mundo fora de Hong Kong viu com admiração a coragem, a determinação e a eloquência de Joshua Wong e seus colegas é que o que eles buscam é, em geral, tão razoável e tão obviamente um esforço para não ir na contramão da aspiração humana como era, é e permanecerá. As sugestões casuísticas de que a única maneira de lidar com Joshua e seus amigos é recorrer ao Estado de Direito vêm daqueles que se calaram e fecharam os olhos quando homens foram sequestrados de Hong Kong pela polícia secreta do Partido Comunista Chinês, sem se importar com a autonomia e a lei de Hong Kong. Talvez o que os outros viram nunca tenha realmente acontecido.

Joshua e seus colegas sabem que nunca apoiei aqueles que querem que uma campanha a favor de responsabilização, democracia, liberdade de expressão e reunião, universidades autônomas e sociedade civil vigorosa e livre seja transformada em pressão para alcançar a independência de Hong Kong. Esse é um beco sem saída perigoso. No entanto, pessoas razoáveis devem se perguntar como e por que isso aconteceu.

Como a atividade crescente da Frente Unida da China em Hong Kong — a tentativa de sufocar a prometida autonomia da comunidade — aumentou o patriotismo de toda uma geração? Claro que resultou no inverso (do que era pretendido). O que toda essa atividade conseguiu foi não fazer as pessoas se sentirem menos chinesas, mas mais orgulhosas de serem chineses *de Hong Kong*. É estranho que o Partido Comunista Chinês tenha alcançado algo que o governo colonial britânico nunca conseguiu.

Há pouco tempo, tive dois encontros que me preocuparam. O primeiro foi com uma jovem de Hong Kong em lágrimas, que me perguntou o que poderia ser feito para impedir a erosão da liberdade na cidade que ela amava. O segundo foi com um gerente sênior de banco (que trabalhou em Hong Kong durante anos), que me disse que, pela primeira vez, estava começando a se preocupar com o futuro de Hong Kong.

Sob vários aspectos, acho que Joshua Wong e seus amigos são uma espécie de resposta para esses dois preocupados amantes de Hong Kong. Desde que o espírito deles não seja extinto — e não será —, tenho certeza de que Hong Kong sobreviverá como símbolo do potencial da humanidade de criar grandes coisas a partir de pouco. E, enquanto isso, espero que o mundo preste atenção para ver até que ponto a China é confiável em manter sua palavra. Falando por mim e pela maioria das outras pessoas, confio em Joshua de Hong Kong muito mais do que nos *apparatchiks* comunistas de Pequim ou nos seus apologistas na cidade e em outros lugares.

Chris Patten
Último governador britânico de Hong Kong
Maio de 2018

PRÓLOGO

Em agosto de 2017, quando o sol escaldante acossava as ruas de Hong Kong e os estudantes universitários estavam concluindo seus empregos de verão ou regressando de viagens em família, fui condenado a seis meses de prisão pelo meu papel no Movimento dos Guarda-Chuvas, que surpreendeu o mundo e mudou a história de Hong Kong. Imediatamente, fui conduzido à prisão de Pik Uk, localizada a uma curta caminhada da escola que eu havia frequentado. Eu tinha 20 anos.

O Departamento de Justiça tinha ganho seu recurso para aumentar minha sentença de 80 horas de serviço comunitário para uma pena de prisão: a primeira vez que alguém em Hong Kong era condenado à prisão sob a acusação de reunião ilegal. Desse modo, o recurso também havia me convertido em um dos primeiros presos políticos da cidade.

Tinha planejado manter um diário enquanto estava na prisão, tanto para fazer o tempo passar mais rápido, quanto para registrar as diversas conversas e acontecimentos de que fiquei a par dentro dos muros da prisão. Pensei que talvez algum dia transformasse essas anotações em um livro — e aqui está ele.

Este livro é composto por três atos. O primeiro narra minha passagem para a maioridade, de organizador de protestos estudantis de 14 anos até fundador de um partido político e face de um movimento de resistência contra o longo braço da China Comunista em Hong Kong e mais além. É uma história de gênese que expõe uma década conturbada de ativismo popular, que tirou uma população de 7 milhões de pessoas da apatia política e a levou a um senso elevado de justiça social, capturando a imaginação da comunidade internacional no processo.

No segundo ato, os leitores encontrarão histórias e relatos do meu verão atrás das grades, captados em cartas escritas todas as noites após meu retorno à cela da prisão, quando me sentava na minha cama dura e começava a escrever sob pouca luz. Queria compartilhar minhas opiniões a respeito da situação do movimento político em Hong Kong, a direção que deveria tomar e como deveria moldar o nosso futuro. Também queria captar a essência da vida na prisão, desde os meus diálogos com os agentes penitenciários até o tempo que passava com outros presos assistindo às notícias na tevê e trocando histórias de abusos contra prisioneiros. A experiência me aproximou ainda mais da história de outros ativistas que foram presos, como Martin Luther King Jr. e Liu Xiaobo; gigantes que me inspiraram e me guiaram em espírito nas horas mais sombrias — minhas e de Hong Kong.

O livro termina com um apelo urgente para todos nós defendermos os nossos direitos democráticos. Incidentes recentes, desde a polêmica nas redes sociais envolvendo a China e a NBA, principal liga de basquete profissional dos Estados Unidos, até a retirada de um aplicativo de rastreamento policial em Hong Kong pela Apple, mostraram que a erosão das liberdades que assolou Hong Kong está se espalhando pelo resto do mundo. Se as multinacionais, os governos internacionais e, sem dúvida, os cidadãos comuns não começarem a prestar atenção em Hong Kong e a tratarem nossa história como um sinal de alerta, não demorará muito para que todo mundo sinta a mesma violação das liberdades civis que os honcongueses sofreram, não sem resistência, todos os dias nas últimas duas décadas.

Por meio de *Liberdade ameaçada*, meu primeiro livro escrito para o público internacional, espero que os leitores conheçam um jovem em transição, tanto em mentalidade como em experiência. No entanto, o livro também revela uma cidade em transição, de uma colônia britânica a uma região administrativa especial sob o regime comunista; de uma selva de concreto, vidro e aço a um campo de batalha urbano com máscaras contra gases e guarda-chuvas; de um centro financeiro proeminente a um bastião brilhante de liberdade e desafio diante de uma ameaça global. Essas transições me tornaram mais comprometido do que nunca na luta por uma

Hong Kong melhor; uma causa que definiu minha adolescência e continua a moldar quem eu sou.

Na prisão de Pik Uk, todos os dias começavam com a mesma e severa marcha matinal: todos os presos deviam entrar na fila, marchar, parar, virar noventa graus, olhar para os guardas e anunciar sua presença um após o outro. Todos os dias, eu me ouvia gritando as mesmas palavras a plenos pulmões: "Bom dia, senhor! Eu, Joshua Wong, preso número 4030XX, fui condenado por reunião ilegal. Obrigado, senhor!"

Sou Joshua Wong. Era o preso número 4030XX. E esta é a minha história.

ATO I

Gênese

"Não deixe que ninguém o despreze por ser jovem; mas, para os que creem, seja um exemplo na maneira de falar, na maneira de agir, na caridade, na energia, na fé e na pureza."

— 1 TIMÓTEO 4:12

CAPÍTULO 1

Rumo à Terra Prometida:
A ascensão dos novos honcongueses

到應許之地：新香港人的崛起

Nasci em 1996, o Ano do Rato de Fogo, nove meses antes de Hong Kong retornar ao domínio chinês.

De acordo com o horóscopo chinês, que percorre um ciclo de 60 anos, o rato de fogo é ousado, rebelde e loquaz. Embora, como cristão, eu não acredite em astrologia ocidental nem oriental, essas previsões de personalidade são razoavelmente corretas, sobretudo a parte acerca de eu ser um conversador compulsivo.

"Quando Joshua ainda era bebê, mesmo com uma mamadeira na boca, ele emitia todos os tipos de sons, como se estivesse fazendo um discurso no palco." É assim que minha mãe ainda me apresenta para as novas pessoas da igreja. Não tenho a menor lembrança do que fiz quando bebê, mas a descrição é bastante crível e acredito na palavra dela.

Aos sete anos, fui diagnosticado com dislexia, um transtorno de escrita e leitura. Meus pais notaram os sinais logo no início, quando tive problemas com os caracteres chineses básicos. Palavras simples que crianças do jardim da infância aprendiam em questão de dias, como "grande" (大) e "muito" (太), pareciam indistinguíveis para mim. Cometeria os mesmos erros nas lições de casa e nos exames até a adolescência.

No entanto, minha fala não foi afetada pela minha dificuldade de aprendizagem. Ao falar com confiança, fui capaz de compensar minhas fraquezas. O microfone me amou e eu o amei ainda mais. Quando criança, contava piadas em grupos da igreja e fazia perguntas que nem as crianças

19

maiores ousavam fazer. Bombardeava o pastor e os mais velhos com perguntas como "Se Deus é tão cheio de misericórdia e bondade, por que Ele permite que os pobres sofram em lares engaiolados em Hong Kong?" e "Fazemos doações para a igreja todos os meses. Para onde o dinheiro vai?".

Quando meus pais me levavam em viagens ao Japão e Taiwan, eu pegava o megafone do guia turístico e compartilhava fatos que havia encontrado na internet sobre os lugares para ver e as coisas para fazer, pulando de tópico para tópico como se fosse a coisa mais natural do mundo. O público aplaudia em aprovação.

Minha eloquência e curiosidade inata me rendiam elogios e risadas aonde quer que eu fosse. Graças a minha baixa estatura e bochechas rechonchudas, o que normalmente poderia ser considerado desagradável ou arrogante era perdoado, sendo considerado "engraçadinho", "original" ou "precoce". Embora ocasionalmente existissem professores e pais que desejavam que esse pequeno sabichão calasse a boca, geralmente eram minoria e eu era adorado na escola e na igreja. "Seu filho é especial. Ele vai ser um grande advogado um dia!", os frequentadores da igreja diziam ao meu pai.

No Ocidente, as pessoas podem vislumbrar em uma criança desembaraçada um aspirante a político ou ativista de direitos, mas, em Hong Kong, uma das regiões mais capitalistas do mundo, nenhuma dessas duas opções profissionais seria desejável até mesmo para seu pior inimigo. Uma carreira lucrativa em Direito, medicina ou finanças é o exemplo típico de sucesso aos olhos de todos os pais. Mas os meus não são desse jeito e não me criaram assim.

Meus pais são cristãos devotos. Meu pai era um profissional de tecnologia da informação, mas se aposentou cedo para se concentrar nos assuntos da igreja e no trabalho com a comunidade. Minha mãe trabalha em um centro comunitário local que presta serviços de orientação psicológica familiar. Eles se casaram em 1989, poucas semanas depois que o governo chinês enviou tanques para subjugar manifestantes estudantis na Praça da Paz Celestial. Minha mãe e meu pai concordaram em cancelar as celebrações do casamento e enviaram notas manuscritas para amigos e parentes com uma mensagem simples: "Nossa nação está em crise. Os recém-casados não farão nenhuma cerimônia". Em uma cultura em que uma festa de casamento dispendiosa constitui um rito de passagem tanto quanto o próprio ato de se casar, a decisão deles foi ousada e nobre.

Meu nome chinês, Chi-fung, foi inspirado na Bíblia. Os caracteres 之鋒 significam "algo afiado", uma referência ao Salmo 45:5, que ensina: "As suas flechas são afiadas e atravessam o coração dos seus inimigos; todas as nações caem aos seus pés". Meus pais não queriam que eu perfurasse o coração de ninguém, mas queriam que eu falasse a verdade e a empunhasse como uma espada para enfrentar mentiras e injustiças.

Exceto pela minha eloquência incomum, eu era uma criança bastante comum. Meu melhor amigo na escola primária era Joseph. Ele era mais alto do que eu, mais bonito e tirava melhores notas. Joseph poderia facilmente andar com os garotos mais populares da turma, mas nos unimos por causa da nossa tendência comum de tagarelar sem parar, conversando durante as aulas, apesar de nos sentarmos a sete carteiras de distância um do outro. No segundo ano da escola primária (alunos de 6 a 7 anos), o sr. Szeto ficou tão farto de nossa conversa ininterrupta que pediu ao diretor que nos colocasse em classes diferentes no ano seguinte. Mas isso não funcionou.

Joseph e eu éramos inseparáveis. Depois da escola, nós nos encontrávamos um na casa do outro para jogar videogame e trocar mangás. O primeiro filme a que assisti em um cinema foi *Batman: O Cavaleiro das Trevas*, um grande sucesso de bilheteria de Hollywood ambientado parcialmente em Hong Kong. Assisti com Joseph.

Tínhamos algo mais em comum. Minha turma foi a primeira a nascer após a transferência da soberania de Hong Kong, processo conhecido como *Handover*. Somos a geração que veio ao mundo durante o acontecimento político mais importante da história de Hong Kong. Em 1º de julho de 1997, após 156 anos de domínio britânico, Hong Kong se livrou do seu passado colonial e retornou à China Comunista. A transferência da soberania deveria ser motivo de comemoração — uma reunificação entre mãe e filho e uma oportunidade para a elite empresarial local explorar o ainda emergente mercado do continente. Porém, para a maioria dos honcongueses comuns, não foi. Muitos dos nossos parentes e amigos tinham deixado Hong Kong anos antes dessa data fatídica por medo do domínio comunista. Quando nasci, quase meio milhão de cidadãos havia emigrado para

DEMOCRACIA AMEAÇADA

países como Estados Unidos, Reino Unido, Canadá, Austrália e Nova Zelândia. Para eles, o comunismo era sinônimo da turbulência política resultante do Grande Salto para Frente — plano econômico fracassado posto em prática entre 1958 e 1962 para industrializar a China, que resultou na morte de cerca de 30 milhões de camponeses por fome em massa — e da Revolução Cultural — movimento sociopolítico que, entre 1966 e 1976, foi liderado pelo presidente Mao Tsé-Tung para eliminar tendências capitalistas e rivais políticos. O comunismo foi a razão pela qual eles e seus pais tinham fugido para Hong Kong; a ideia de ser devolvido aos "ladrões e assassinos" — para usar as palavras de minha avó —, de quem haviam escapado, era assustadora e inconcebível.

Mas, no que me dizia respeito, era tudo boato. Para alguém que cresceu apenas conhecendo o domínio chinês, não eram nada mais do que histórias e lendas urbanas. A única bandeira que eu tinha visto tremulando em locais públicos e do lado de fora dos prédios governamentais era a bandeira chinesa vermelha com cinco estrelas. Além dos ônibus de dois andares ao estilo londrino e dos nomes das ruas aparentemente ingleses, como Hennessy, Harcourt e Connaught, não tenho nenhuma memória da Hong Kong colonial nem sinto qualquer ligação com o domínio britânico. Ainda que muitas escolas locais, como a que eu frequentei, continuem a ensinar em inglês, os alunos aprendem a se orgulhar das inúmeras realizações econômicas da China moderna, especialmente da maneira pela qual o Partido Comunista Chinês tirou centenas de milhões de pessoas da pobreza extrema. Na escola, aprendemos que a Lei Básica — a miniconstituição de Hong Kong, um documento amplamente negociado no qual China e Grã-Bretanha trabalharam antes da transferência da soberania — começa com a declaração de que "a Região Administrativa Especial de Hong Kong é parte inalienável da República Popular da China". A China é nossa terra natal e, como mãe benevolente, sempre terá os nossos melhores interesses em mente sob o arranjo denominado "um país, dois sistemas".

O princípio foi celebrado na Declaração Conjunta Sino-Britânica, um tratado internacional firmado pela Grã-Bretanha e China em 1984. "Um país, dois sistemas" foi uma ideia do então líder supremo Deng Xiaoping, que precisava de uma solução para conter o êxodo de talentos e riquezas de Hong Kong durante as negociações da transferência de soberania. Deng queria tranquilizar os cidadãos em fuga de que a cidade seria reunificada com a China continental sem perder seus sistemas econômico e político distintos. De forma memorável, ele prometeu à cidade que "os cavalos ainda vão correr e os bailarinos ainda vão dançar" sob o domínio chinês.

A estratégia de Deng funcionou. O arranjo "um país, dois sistemas" ajudou Hong Kong a fazer, sem percalços, a transição de uma colônia da Coroa britânica para uma região administrativa especial. Para a maioria das pessoas, a transferência da soberania acabou sendo muito barulho por nada. Pouco depois que o relógio marcou meia-noite, em 30 de junho de 1997, sete milhões de honcongueses, com os olhos grudados nas telas de televisão, viram Chris Patten, o último governador colonial, sair da Casa do Governador pela última vez. Quando Patten embarcou no Iate Real *Britannia*, acompanhado pelo príncipe Charles, todos deram um suspiro de alívio, pois, apesar da pompa e da circunstância dramáticas, quase nada havia mudado em Hong Kong. Muitas pessoas consideraram que aqueles que haviam fugido da cidade por medo tinham reagido de forma exagerada e subestimado a boa vontade da China.

Meu primeiro encontro com o arranjo "um país, dois sistemas" foi mais visceral do que tratados internacionais e estruturas constitucionais. Aos cinco anos de idade, meus pais me levaram em férias de curta duração para Guangzhou, capital da província de Cantão, da qual Hong Kong também faz parte. Foi em 2001, o mesmo ano em que a China ingressou na Organização Mundial do Comércio (OMC) e iniciou seu milagre econômico.

Naquela época, Guangzhou ainda era um fim de mundo em comparação com Hong Kong. O acesso à internet era irregular e muitos sites estavam bloqueados. Embora as pessoas de Guangzhou falassem cantonês como nós, comportavam-se de forma diferente; em Hong Kong, nunca ficamos de cócoras ou escarramos nas ruas; sempre fazemos fila e esperamos a nossa vez de falar com vendedores e atendentes. Na China, não é assim.

Além disso, os carros eram conduzidos no outro lado da via e os compradores pagavam com pequenas notas surradas chamadas *renminbi*. A sinalização e os cardápios eram escritos com caracteres chineses simplificados, que pareciam familiares, mas não eram exatamente iguais aos tradicionais utilizados em Hong Kong. Até a Coca-Cola tinha um sabor diferente, porque a água que usavam tinha um gosto residual estranho. "Prefiro o jeito que as coisas são em Hong Kong", lembro-me de dizer a mim mesmo.

Da geração dos meus pais para a minha, as crianças em Hong Kong cresceram assistindo a animes, desenhos animados japoneses. De longe a economia mais avançada da Ásia, o Japão era considerado há muito tempo pelos honcongueses como uma cultura criadora de tendências e exportadora de tudo o que é legal. Fui fã incondicional da série de ficção científica chamada *Gundam*, resposta japonesa às franquias da Marvel e da DC. Muitas das minhas séries favoritas — como *Mobile Suit Gundam 00*, *Gundam Seed* e *Iron-Blooded Orphans* — compartilham um ponto em comum: cada uma narra a história de um jovem órfão que luta para encontrar seu lugar no mundo enquanto se transfere de uma família adotiva para a próxima.

O tema recorrente de filhos adotivos em meus desenhos animados de sábado de manhã me faz pensar em minha própria cidade. Sob vários aspectos, Hong Kong é como um filho adotivo que foi criado por uma família branca e que, sem seu consentimento, foi devolvido para seus pais biológicos chineses. A mãe e o filho têm muito pouco em comum, desde a língua e os costumes até a maneira com a qual veem seu governo. Quanto mais o filho é forçado a mostrar afeto e gratidão para com sua mãe há muito perdida, mais ele resiste. Ele se sente perdido, abandonado e sozinho. O arranjo "um país, dois sistemas" pode ter orientado a ex-colônia através de sua transição suave para o domínio chinês, em 1997, mas pouco faz para mitigar sua crise de identidade cada vez mais profunda. Hong Kong é uma cidade que não é britânica e não quer ser chinesa, e sua necessidade de afirmar uma identidade distinta cresce a cada ano.

Isso resume o estado de espírito da minha geração; a primeira a crescer após o fim do domínio britânico, mas antes que o domínio chinês se consolidasse. A ambivalência que minha geração sente em relação à nossa suposta terra natal nos motiva a procurar maneiras de preencher o vazio emocional. Estamos lutando para ocupar nosso lugar no mundo e desenvolver uma identidade à nossa própria imagem. Cada vez mais nos voltamos para nossa cultura pop, língua, comida e estilo de vida como as bases de nossa autoimagem. As iniciativas para preservar bairros pitorescos, apoiar produtos locais e proteger o cantonês da sua substituição pelo mandarim estão evoluindo gradualmente e se convertendo em uma cruzada juvenil.

Quando eu tinha dez anos, a maior notícia de Hong Kong foi a respeito dos grandes protestos para salvar da demolição dois atracadouros amados e historicamente importantes: o Star Ferry Pier e o Queen's Pier. As manifestações foram mais do que uma resistência contra uma desalmada remodelação e gentrificação urbanas; elas envolveram a defesa de nossa incipiente identidade. Aqueles surtos de resistência e raiva foram apenas a ponta do iceberg. A ascensão dos novos honcongueses tinha apenas começado.

* * *

No entanto, minha maioridade política sofreu um adiamento quando fiz 12 anos. Assim que comecei meu último ano do primário, a única coisa que importava para mim e meus colegas de classe era ser admitido em uma escola secundária decente. Em Hong Kong, temos um ditado: "Escola secundária é destino". Não é um exagero. O sistema educacional local é implacável e a escola que frequentamos tem o poder de determinar o nosso futuro: em que universidade ingressamos, que curso escolhemos, que tipo de emprego obtemos quando nos formamos, quanto ganhamos, com quem podemos namorar e casar e, em última análise, o nível de respeito que somos capazes de obter da sociedade. É por isso que os pais superprotetores fazem de tudo para criar "portfólios" elaborados para seus filhos, para torná-los mais vendáveis para as escolas. O domínio de diversos instrumentos musicais e línguas estrangeiras exóticas são a regra e não a exceção.

Eu não estava otimista. Sem um currículo excepcional e com um boletim da escola primária prejudicado pela dislexia, sabia que seria uma luta, mas não ia desistir. Se Moisés pôde passar quarenta anos vagando no deserto antes de Josué concluir o trabalho e conduzir seu povo à Terra Prometida, o que era um pouco de trabalho duro para esse rato de fogo?

Há um ditado chinês popular: "O empenho pode compensar todas as deficiências". Naquele ano, guardei meus videogames e mangás e comecei

DEMOCRACIA AMEAÇADA

a ter mais de vinte horas de aulas particulares por semana. Estudei muito as matérias em que era mais fraco — chinês e inglês — e que tendiam a abaixar minhas notas. Como resultado do meu trabalho duro, consegui obter 0,1 ponto acima da nota média mínima de que precisava para entrar na lista de "alunos recomendados" da minha escola primária. Graças aos meus pedidos sinceros, tanto o diretor quanto o meu professor particular concordaram em escrever cartas de recomendação divulgando não as minhas proezas acadêmicas em si, mas meu "potencial para se destacar".

Na entrevista final para ingresso na escola secundária, o responsável pelas admissões me perguntou: "Se um dos seus amigos lhe disser que foi vítima de bullying, o que você faria, Joshua?" Sem hesitar, respondi como se tivessem feito a mesma pergunta para mim uma centena de vezes: "Eu levaria meu amigo para a igreja e deixaria Deus aconselhá-lo. Poderia até fazer o mesmo em relação aos autores do bullying. Deus tem um plano para todos". O responsável pelas admissões sorriu e eu retribui o sorriso.

Quando dei por mim, recebi uma carta informando que havia sido admitido na United Christian College [Escola Cristã Unida] depois que outro garoto tinha sido reprovado em sua proposta. A escola era a minha primeira opção.

CAPÍTULO 2

O Grande Salto para a Frente:
O grupo Escolarismo e o programa de Educação Nacional

大躍進：學民思潮與國民教育

A escola secundária foi revigorante. Em vez de sermos tratados como crianças, como fomos nos seis anos da escola primária, éramos agora jovens adultos, com a liberdade de expressar nossas opiniões na sala de aula e executarmos nossas próprias atividades depois da escola. Além disso, o currículo escolar focava menos no aprendizado mecânico e na memorização, concentrando-se mais em análise e em pensamento crítico, o que significava que minha dislexia não era uma desvantagem tão grande quanto costumava ser.

Eu adorava tirar fotos e gravar vídeos. Assim, ia a todos os lugares com minha câmera portátil, captando momentos na escola, grandes e pequenos. Carregava as fotos em minha página do Facebook e as organizava meticulosamente em álbuns. Também criei meu próprio blog para documentar acontecimentos escolares com comentários engraçados. Rapidamente ganhou força e logo conseguiu milhares de seguidores, muitos dos quais eram pais ansiosos para descobrir o que seus filhos estavam fazendo durante a semana. Apesar de ser um recém-chegado na United Christian College (UCC), rapidamente adquiri renome como jornalista, cineasta e colunista de fofocas da escola. Porém, entre meus amigos, era mais conhecido como um *dokuo*, termo japonês para um jovem sem namorada, que sente prazer em ficar sozinho com seus videogames e aparelhos eletrônicos.

Com ou sem namorada, eu me via mais como a criança de *A roupa nova do imperador*, de Hans Christian Andersen, que, quando nenhum dos habitantes da cidade dizia o que estava pensando, encarregava-se de apontar o elefante na sala; e havia muitos elefantes no sistema educacional local. Certa vez, meu professor de chinês, que tinha perdido a paciência com minhas conversas constantes na aula, mandou eu me calar e ficar parado no canto da sala. Ao me levantar da minha carteira, olhei nos olhos dele e disse: "Esse não é o jeito de ensinar uma criança. Sério, o senhor acha que vou me tornar um aluno melhor encarando a parede?". Minha pergunta deixou o professor sem palavras e o resto da classe espantado.

***

Minha tendência a desafiar as autoridades logo tomou um novo rumo quando combinei minha sinceridade com o poder das redes sociais.

Sempre gostei de boa comida e considerava meu paladar tão afiado quanto minha língua. No segundo ano da escola secundária (alunos de 13 a 14 anos), após sofrer um ano inteiro com a comida medíocre da cantina da UCC, decidi cuidar do assunto por conta própria. Criei uma página no Facebook e uma petição on-line e convidei todos os meus colegas de classe a expressar suas queixas sobre o almoço insosso, gorduroso e de preço exagerado da cantina da escola. A campanha viralizou e mais de dez por cento da escola assinou a petição.

Por causa da sua popularidade, a campanha sem precedentes, intitulada "Por quanto tempo mais vamos tolerar a comida ruim da UCC?", imediatamente chamou a atenção das autoridades da escola. Alguns dias depois, fui chamado à sala do diretor com meus pais. "Joshua é um bom menino", o diretor To disse aos meus pais, antes de semicerrar seus olhos e prosseguir: "Mas o que ele fez não foi... Bem... O ideal. Joshua instigou outros alunos e nos colocou em uma posição difícil. Pior que isso, ele nomeou nossa escola em uma petição pública sem a nossa aprovação". "Mas, com todo o respeito, nosso filho não fez nada de errado", meu pai afirmou, intervindo em minha defesa. Em seguida, minha mãe, sempre a pacificadora, apresentou uma avaliação sensata que até mesmo o diretor To teve que concordar. "Veja, a página do Facebook já está na rede", ela disse. "Se o senhor fizer Joshua tirá-la, as repercussões serão muito piores. Acho que devemos deixar assim." Graças aos meus pais, sai ileso da sala do diretor; sem nenhuma suspensão nem qualquer forma de medida disciplinar.

No entanto, aquela foi a primeira e a última vez que organizei uma campanha por meio da rede social na escola. Decidi parar, não por medo de voltar a me meter em apuros, mas porque percebi que havia problemas maiores para resolver. Por que se preocupar com questões pequenas na escola quando havia injustiças muito maiores acontecendo todos os dias e bem debaixo dos nossos narizes? Decidi elevar minha mira e me concentrar em coisas maiores e mais prementes.

***

Algumas semanas antes da criação da petição sobre a comida da cantina, tive uma epifania. Aconteceu durante uma visita regular à comunidade em uma tarde comum de sábado. Meu pai é um cristão devoto e dedica parte do seu tempo livre trabalhando como voluntário. Eu costumava acompanhá-lo em suas visitas a idosos, famílias carentes e crianças com necessidades especiais.

Naquele sábado em particular, fomos ao asilo de idosos que tínhamos visitado um ano antes. Esperando por nós, algumas dezenas de octogenários já haviam se sentado em um grande círculo na sala de recreação. Reconheci as mesmas paredes em tom pastel descascadas e os móveis surrados de um ano antes. Vi os mesmos rostos me encarando. O asilo continuava com tão poucos funcionários, com comodidades tão antiquadas e com os moradores tão solitários e desamparados quanto meu pai e eu os havíamos deixado da última vez que viemos. Meus olhos se encheram de lágrimas, mas, no fundo do coração, eu sentia mais raiva do que tristeza.

"Qual é o sentido dessas visitas? Qual é o sentido se nada nunca muda?", perguntei ao meu pai. Ele respondeu dando um tapinha no meu ombro. "Nós os animamos por algumas horas, não é? Vamos mantê-los em nossas orações. É o melhor que nós ou a igreja podemos fazer."

Por mais que respeitasse o meu pai, discordei totalmente dele. Havia muito mais que poderíamos fazer por aquelas pessoas, mas ainda não tínhamos nos esforçado o suficiente. Não era justo que minha família morasse em um bairro de classe média, frequentasse uma megaigreja sofisticada

DEMOCRACIA AMEAÇADA

e passasse férias no exterior, enquanto quase um quinto da população local vivia abaixo da linha da pobreza, com apenas o suficiente para comer e sem uma casa decente para morar.

Na escola, aprendemos que Hong Kong possui um dos coeficientes de Gini mais altos do mundo; ou seja, um indicador da desigualdade de renda. É por isso que todos os dias vemos pessoas idosas vasculhando latas de lixo e empurrando carrinhos pesados de papel reciclado colina acima para vendê-lo por uma ninharia. É uma visão tão comum que já nem notamos mais. Tudo isso pode continuar porque muitas pessoas pensam como os frequentadores de igreja de classe média: vamos rezar e fazer de conta que já fizemos o suficiente.

Estava convencido que Deus havia me colocado neste mundo por uma razão: Ele queria que eu fizesse mais do que apenas louvar Seu nome e estudar a Bíblia. Ele queria que eu agisse. Certa vez, meu pai me ensinou sobre o acrônimo WWJD, que significa "What would Jesus do?" ["O que Jesus faria?"]. Não achava que Jesus sairia do asilo de velhos dando um tapinha autocongratulatório no ombro. Se Ele fizesse isso, eu O chamaria de hipócrita, assim como o garoto que desafia o imperador nu.

Após esse episódio, comecei a me sentir inquieto. Dei-me conta de que costuma haver um abismo entre boas intenções e ações, mas não sabia o que, em termos práticos, poderia realmente fazer pelas pessoas naquele asilo ou por qualquer outra pessoa. Fundamentalmente, esse momento decisivo da minha adolescência aconteceu pouco antes de conhecer meu cúmplice na UCC.

Justin era outro *dokuo* na minha classe e nós compartilhávamos as mesmas paixões por videogames, animes e travessuras na escola. Nas férias de verão, depois da segunda série, dois de nossos professores favoritos anunciaram seu plano de se casar. Justin e eu decidimos criar um esquete em homenagem a eles. Justin interpretaria o noivo e convocamos outros colegas da classe para interpretar a noiva e seus parentes. Como o documentarista, gravei o falso casamento. Para aumentar o impacto emocional, até adicionei uma trilha sonora. Quando os recém-casados viram o vídeo no YouTube, ficaram comovidos.

Episódios como esse se espalharam rapidamente pela escola e, apesar de causar problemas de vez em quando, eles nos tornaram os favoritos dos nossos professores. Também transformaram Justin e eu em melhores amigos.

Mas Justin oferecia muito mais do que companheirismo. Ele já era um viciado em política muito antes de nos conhecermos. "Isso é o que realmente importa", ele dizia para mim sem rodeios, enquanto consultava *feeds* de notícias sobre eleições locais e projetos de lei do governo em seu iPhone.

Ao longo do tempo, parte do seu sangue quente começou a me contagiar. Visitávamos livrarias juntos e passávamos horas na seção de política. Trocávamos livros entre nós, dobrando instantaneamente a quantidade de títulos à nossa disposição.

Passei o verão de 2009, quando tinha 12 anos, lendo sobre política local e discutindo o que aprendia com Justin. "Isso é uma loucura!", lembro-me de gritar após ler sobre o bizarro sistema eleitoral de Hong Kong e como fora idealizado para ajudar o governo a obstruir a oposição. "Nosso governo é muito sujo. Por que ninguém fala sobre isso?", exclamei, exasperado.

Impaciente, Justin revirou os olhos, como se dissesse: "Fico feliz que você finalmente tenha se posto em dia. Bem-vindo a Hong Kong!".

* * *

De fato, nosso sistema político é único. É o resultado de inúmeras concessões penosas — alguns dizem impiedosas — feitas pela Grã-Bretanha durante as negociações com a China sobre a transferência da soberania e que resultaram na Lei Básica.

A Lei Básica prescreve três poderes de governo: Executivo, Legislativo e Judiciário. Sob o sistema, os cidadãos comuns não têm voz na escolha do chefe-executivo, o cargo mais elevado em Hong Kong e chefe do Poder Executivo. É um cargo semelhante ao prefeito de Londres ou de Nova York. Em vez disso, ele ou ela é selecionado por uma pequena comissão formada por integrantes do Partido Comunista, magnatas empresariais e grupos de interesse especiais, a maioria dos quais recebe sugestões do governo central de Pequim antes de votar. O resultado é um chefe de governo que não presta contas ao povo e que responde apenas aos chefes do norte que o colocaram no cargo.

DEMOCRACIA AMEAÇADA

Nosso Poder Legislativo não é melhor do que o Poder Executivo. O Conselho Legislativo, ou LegCo, é um parlamento com 70 membros, dividido em duas câmaras: 35 membros dos distritos eleitorais geográficos (*geographical constituencies*, ou GCs) e 35 membros dos distritos eleitorais funcionais (*functional constituencies*, ou FCs, trazidos de setores empresariais e profissionais). Enquanto os membros dos GCs são todos eleitos por 3,5 milhões de eleitores registrados, os FCs estão longe de serem eleitos democraticamente. Quase todos os membros funcionais são escolhidos a dedo por um pequeno círculo de eleitores dentro de seus próprios grupos profissionais ou de interesses especiais. Por exemplo, o membro do setor imobiliário é escolhido por algumas centenas de profissionais do setor e empresas de construção, assim como os membros do setor advocatício e contábil são escolhidos apenas por advogados e contadores. Juntos, eles constituem um poderoso bloco de deputados que votam em fileira cerrada e por ordem do governo. Em outras palavras, os deputados dos FCs dão ao Poder Executivo controle quase completo sobre o LegCo.

Aprendi tudo isso com as minhas leituras de verão e com as muitas conversas tarde da noite com Justin entre partidas de videogame e copos de chá de bolhas. Sentia raiva e frustração que um sistema tão flagrantemente injusto tivesse podido passar despercebido por tanto tempo. Também percebi que tudo que havia de errado em Hong Kong — pobreza na velhice, preços nas alturas dos imóveis e a destruição indiscriminada de prédios históricos para dar lugar a projetos de reconstrução visando vantagens eleitorais — era atribuível a um único culpado: um governo que não presta contas ao povo e um sistema eleitoral desequilibrado que cria e facilita isso.

Não levei muito tempo para transformar meu despertar político em ação. No inverno seguinte, em janeiro de 2010, alguns deputados pró-democracia renunciaram ao cargo ao mesmo tempo, provocando eleições suplementares simultâneas para preencher seus cargos. A ideia era converter as eleições suplementares em um referendo sobre reforma eleitoral e pressionar o governo a abolir os odiados distritos eleitorais funcionais.

Antes da eleição, escrevi um longo post no Facebook direcionado aos estudantes e aos seus pais; sobretudo os pais, já que tinham idade suficiente para votar. Passei horas redigindo resumos e pontos principais, condensando em linguagem simples o processo político intricado, para que

32

qualquer leitor pudesse entender em que consistia o referendo. Apresentei as razões de por que os honcongueses precisavam trabalhar juntos para se livrar dos FCs de uma vez por todas. A postagem recebeu mais de mil "curtidas", o que me surpreendeu porque ninguém sabia quem eu era na época e o assunto em si não era o mais atraente.

No final, o governo ignorou os resultados das eleições suplementares e aprovou um projeto de reforma eleitoral decepcionante, com apenas pequenos ajustes no sistema existente. Ficou muito aquém de abolir os FCs. Mesmo assim, para um garoto de 13 anos, foi uma lição importante de ativismo político: você pode tentar o quanto quiser, mas até você forçá-los a prestar atenção, os que estão no poder não vão ouvi-lo.

* * *

O teste real viria depois que fiz 14 anos. Em outubro de 2010, o então chefe-executivo Donald Tsang, proferiu seu último discurso político antes do final do seu segundo mandato no cargo. De acordo com o discurso, o governo adotaria um currículo escolar que introduziria uma matéria nova e obrigatória chamada "educação moral e nacional". A nova matéria tinha diversos objetivos:

1. Desenvolvimento de qualidades morais;
2. Desenvolvimento de atitudes positivas e otimistas;
3. Autoconhecimento;
4. Julgamento de maneira cuidadosa e razoável;
5. Reconhecimento de identidade.

Por mais banais que esses pontos pareçam, havia um objetivo mais sinistro no cerne dos caprichos: moldar a primeira geração de honcongueses no molde chinês e nos ensinar a aceitar e adotar os princípios do Partido Comunista, sem que nós, ou nossos pais, nos déssemos conta. Em Hong Kong, qualquer coisa com a palavra "nacional" desperta suspeitas. O nome "educação nacional" suscita o espectro de propaganda comunista e lavagem cerebral, exatamente do tipo a que os estudantes da China continental ficaram sujeitos — e continuam a se sujeitar — por décadas. Se nada fosse feito, esse novo currículo seria implantado em todas as escolas primárias de Hong Kong em 2012 e em todas as escolas secundárias em 2013. Uma suposta consulta pública com quatro meses de duração começaria em 2011, mas eu sabia que, na realidade, essa "consulta" não resultaria em nenhuma alteração no currículo.

O programa de Educação Nacional me acertou em cheio. Foi a primeira política governamental que deliberadamente mirou e impactou diretamente a mim e aos meus colegas de classe. Eu pertencia a um dos principais grupos interessados, ou seja, *stakeholders*; um termo que tínhamos acabado de aprender nas aulas de estudos liberais da UCC. E se as pessoas que tinham mais a perder não se manifestassem, quem mais se manifestaria?

Com certeza, durante o período de consulta de quatro meses, os deputados pró-democracia e até o sindicato dos professores manifestaram apenas uma moderada contrariedade, respondendo ao Departamento de Educação com desaprovação verbal e dedos em riste. "Esses adultos estão fora da escola há duas ou três décadas", eu disse para Justin, "por que eles se importariam com o que acontece dentro da sala de aula? Mas nós precisamos nos preocupar e precisamos proteger nossa educação antes que seja tarde demais."

Os pais de Justin tinham um plano diferente para ele. Atentos ao futuro do filho, eles o estavam enviando ao exterior para terminar seus estudos. Dentro de um ano, ele iria embora de Hong Kong e eu me separaria do meu melhor amigo e da minha fonte de inspiração política.

Justin e eu continuamos convivendo até ele partir para os Estados Unidos, mas, no íntimo, eu sabia que se quisesse combater o Lado Sombrio, precisaria recrutar alguns novos Jedi.

$$* * *$$

Concentrei minha atenção em Ivan Lam, do quarto ano da UCC (alunos de 15 a 16 anos). Eu havia feito amizade com vários estudantes com ideias afins em manifestações de rua e troquei informações para contato; Ivan era um deles. Como Justin, Ivan era politicamente ativo desde tenra idade. Aos 16 anos, também era conhecido por seu talento artístico, tendo ganho diversas competições de design na UCC e fora da escola. Comecei a segui-lo em diversos protestos e manifestações contra o governo, incluindo a passeata anual de protesto de 1º de julho, que marcava o aniversário da transferência da soberania, e a vigília à luz de velas de 4 de junho, referente ao Massacre da Praça da Paz Celestial — os dois maiores eventos do calendário da sociedade civil de Hong Kong, que atraíam milhares de cidadãos às ruas. Naquela época, poucos estudantes participavam de reuniões políticas, por isso era fácil nos reconhecermos, principalmente se estivéssemos usando nossos uniformes escolares. Os amigos que fizemos nessas reuniões se tornariam posteriormente os primeiros membros da nossa campanha contra o programa de Educação Nacional e proporcionariam a massa crítica para seus primeiros eventos.

* * *

Em maio de 2011, Ivan e eu criamos uma página no Facebook e chamamos nosso grupo de Escolarismo [*Scholarism*]: "Escolar" porque éramos um grupo de estudantes e "ismo" para sinalizar uma nova maneira de pensar (e para dar ao nome mais seriedade).

Nos meses seguintes, produzimos faixas, imprimimos panfletos, montamos bancas de rua, organizamos manifestações de pequena escala e recrutamos mais estudantes voluntários para fazer o mesmo. Ivan foi o responsável por toda a arte da campanha. O uso de recursos gráficos rápidos e frases curtas de forte impacto foi essencial para espalhar a mensagem on-line. Em maio de 2012, no aniversário de um ano do Escolarismo, nossa organização passou de um pequeno grupo de amigos para um movimento de 10 mil pessoas. Entre nossos membros, incluía-se Agnes Chow, que tinha a mesma idade que eu. Eloquente, determinada e muito talentosa do ponto de vista linguístico, ela se tornaria um dos principais membros do Escolarismo e sua única porta-voz feminina.

A fundação do Escolarismo foi uma extensão natural do que eu já estava fazendo no ano anterior. Era a repetição da petição da cantina, exceto que, naquele momento, envolveu muito mais partes interessadas e teve como alvo toda uma geração de jovens. De fato, a ideia de gerir nosso próprio grupo de ativistas pareceu tão natural que nem a discuti com os meus pais antes de colocá-la em prática.

Nos meses seguintes à criação do Escolarismo, passei quase todos os dias fazendo discursos em palanques improvisados nas esquinas e dando entrevistas à imprensa. Tornei-me uma presença regular na mídia local depois que uma das minhas entrevistas improvisadas viralizou e foi vista 150 mil vezes em duas semanas. Minha mãe começou a guardar recortes de jornal a meu respeito e gravar os programas de rádio em que eu aparecia. "Isso é parte da nossa história", ela dizia. "Você está fazendo história."

Mas nem tudo era glamour e fama. Por quase 18 meses, levei a vida de Peter Parker. Como o *alter ego* do Homem-Aranha, ia para a aula durante o dia e saía correndo para combater o mal depois da escola. Pegava o ônibus para a sede do governo em Almirantado — nosso equivalente às Casas do Parlamento, em Londres, ou à Colina do Capitólio, em Washington — para me encontrar com os líderes da sociedade civil e os deputados pró-democracia e discutir o que poderia ser feito para interromper a implantação do programa de Educação Nacional. Enquanto meus colegas cantavam em karaokês e iam ao cinema, eu planejava os próximos passos do Escolarismo e coordenava protestos em massa com adultos muito mais velhos do que eu. Com recursos de doação, alugamos um pequeno escritório em um prédio industrial e instalamos a sede da campanha ali. Perdi trabalhos escolares importantes e até exames e, após um semestre desastroso, tornei-me um dos piores alunos da turma. Felizmente, a UCC apoiou meus esforços e me deixou passar de ano. Certa vez, meu professor de matemática me chamou de lado e disse: "Tenho uma filha adolescente que tem mais ou menos a sua idade. Quero agradecê-lo por fazer isso por ela".

Em julho de 2012, nossa campanha a contra o programa de Educação Nacional se intensificou. Chun-ying (ou C. Y.) Leung, milionário que veio do nada e que diziam que era membro secreto do Partido Comunista Chinês, assumiu o cargo para suceder a Donald Tsang como chefe-executivo. Logo após a posse de Leung, um manual de ensino publicado por um *think tank* financiado pelo governo foi distribuído para as escolas primárias e secundárias de toda a cidade. O manual elogiava o Partido Comunista Chinês, considerando-o um "regime avançado e desprendido", e criticava a democracia ocidental, sustentando que a "política bipartidária tóxica" dos Estados Unidos tinha levado ao "sofrimento do seu povo". Isso confirmou todas as nossas suspeitas e receios sobre a propaganda comunista.

Essa publicação bombástica incendiou a sociedade civil. Em poucos dias, uma nova aliança se formou, incluindo uma dúzia de organizações, como o Escolarismo, a Hong Kong Federation of Students (HKFS — Federação dos Estudantes de Hong Kong) e a Civil Human Rights Front (CHRF — Frente Civil dos Direitos Humanos), o grupo de liberdades civis mais importante da cidade. Em 29 de julho, liderei a aliança em uma grande manifestação de rua, que atraiu quase 100 mil participantes, a maioria deles pais e estudantes.

Apesar da enorme participação, o governo de Leung, como eu esperava, permaneceu intransigente. Embora ele afirmasse que estava aberto ao diálogo com os grupos interessados, reiterou que o currículo escolar seguiria em frente conforme planejado. Naquela noite, desolado e enfurecido, Ivan subiu ao palco no Almirantado. Contendo as lágrimas, ele disse: "Não precisamos de diálogo. Não chegamos tão longe para fazer acordos com políticos!". Poucas horas depois do seu discurso, outros 700 estudantes voluntários aderiram ao Escolarismo.

Em meados de agosto, mais de quinze meses desde o início de nossa campanha, havia um verdadeiro sentimento de urgência dentro do Escolarismo. O novo ano letivo começaria em um mês e, portanto, o novo currículo também seria implantando se não o detivéssemos no devido tempo. "Apenas protestos não são suficientes", eu disse para Ivan. "É hora de acelerar as coisas."

Nas semanas seguintes, os membros do Escolarismo se espalharam pela cidade, intensificando os protestos nas portas das escolas e lançando uma campanha envolvendo abaixo-assinados nas ruas. Em uma semana, coletamos 120 mil assinaturas de estudantes preocupados. Apoiadores de todas as idades compareceram às nossas bancas de rua, deixando pizzas, sushis, produtos de padaria e bebidas para nos manter vivos.

Restando apenas alguns dias para o retorno às aulas, Ivan e eu sabíamos que tínhamos chegado a um momento de agora ou nunca. Em 31 de agosto, convocamos os estudantes a se dirigirem ao Almirantado e ocuparem o jardim da sede do governo. Batizamos o espaço aberto com um novo nome, simbólico e sugestivo: "Praça Cívica".

No mesmo dia, Ivan e dois outros membros do Escolarismo iniciaram uma greve de fome: a primeira desse tipo feita por alunos da escola

DEMOCRACIA AMEAÇADA

secundária na história da cidade. O objetivo era conseguir a solidariedade do público e atrair mais cobertura da imprensa para a nossa campanha. Eu também quis entrar em greve de fome, mas Ivan disse que eu deveria economizar minha energia para fazer o que eu fazia melhor: falar com a imprensa.

Em 3 de setembro, 72 horas após o início da greve de fome, nossa equipe médica ordenou que os três encerrassem a greve, pois os níveis de açúcar no nosso sangue tinham ficado perigosamente baixos. Ivan estava com os lábios brancos como papel, sentia-se grogue e mal conseguia se sentar. Mesmo assim, nem um único representante do governo se deu ao trabalho de visitá-lo. Em um golpe de relações públicas, C. Y. Leung apareceu na Praça Cívica para apertar as mãos dos manifestantes, sem sequer ver como estavam os jovens que faziam greve de fome.

No fim da semana, a campanha contra o programa de Educação Nacional tinha alcançado o ponto alto. Na sexta-feira, 7 de setembro, convocamos pais e filhos a se juntarem a nós em um protesto em massa do lado de fora da sede do governo, vestidos de preto, a cor do luto. Graças à nossa greve de fome e a publicidade maciça, mais de 120 mil cidadãos vestidos de preto afluíram ao Almirantado depois do trabalho e da escola para demonstrar solidariedade aos manifestantes do Escolarismo. Foi a maior reunião sem aprovação prévia da polícia na história de Hong Kong e a maior participação de todos os tempos em um comício organizado por estudantes da escola secundária. A multidão era tão grande que os manifestantes se espalharam pela Harcourt Road, a principal via expressa que atravessa o centro financeiro da cidade.

Naquela noite, proferi o maior discurso da minha vida. Tudo o que tinha aprendido com os meus pais, os anciãos da igreja, meus professores e Justin culminou naquele momento único. Embora estivesse exausto depois de semanas dormindo em uma barraca e dando entrevistas, não queria desapontar todas as pessoas que acreditavam em mim e contavam comigo. Eu tinha que dar tudo que tinha.

"Este é o nono dia consecutivo de nossa manifestação na Praça Cívica", disse com a voz rouca assim que peguei o microfone, que considerava minha arma preferida, como o martelo de Thor ou o escudo de vibranium do Capitão América. Ainda tinha apenas 15 anos, afinal de contas. "Fizemos história e mostramos o poder do povo para Hong Kong e Pequim. Esta noite, temos uma mensagem e apenas uma mensagem: C. Y. Leung, retire o currículo da lavagem cerebral!"

A multidão aplaudiu e eu fui do grito ao rugido: "Estamos fartos deste governo. O povo de Hong Kong vai vencer!".

No dia seguinte, C. Y. Leung deu uma entrevista coletiva, comunicando sua decisão de suspender o currículo. Assistimos ao anúncio na sala de conferências do sindicato dos professores, que tinha sido o segundo lar do Escolarismo nos últimos dezoito meses. Em frente à tela tremeluzente da tevê, os pais choraram, os estudantes vibraram e ativistas se deram um abraço apertado.

Virei-me para Ivan e disse: "Nós vencemos!".

CAPÍTULO 3

Onde estão os adultos?
O Movimento dos Guarda-Chuvas

成年人在哪裡？雨傘運動

A campanha contra o programa de Educação Nacional nos catapultou ao estrelato político. Os membros do Escolarismo passaram de um grupo de jovens rebeldes antigoverno para nomes conhecidos; e, naquele momento, pessoas que faziam história. Nunca antes um grupo de estudantes da escola secundária liderou um movimento político de tal escala e com tanto sucesso. De volta à UCC, os professores se aproximaram de mim e de Ivan para apertar nossas mãos. Todos na igreja me deram os parabéns. Eu não sentia que merecia tantos elogios e tanta atenção, porque sabia que não tinha feito aquilo sozinho; ninguém teria feito. Para cada "excelente trabalho" e "muito bem", eu respondi: "A vitória pertence a todos nós. Tudo o que fiz foi falar a verdade".

Mas também entendi a euforia e a excitação ao meu redor. As vitórias políticas, como a misteriosa flor *tanhua* que floresce apenas uma vez na lua azul, são raras para os honcongueses. Em Hong Kong, a última vez que um protesto em massa produziu resultados tangíveis tinha sido quase uma década antes, em 2003, quando, sob a liderança desastrosa do primeiro chefe-executivo da cidade, Tung Chee-hwa, o governo foi forçado a abandonar um controverso projeto de lei de segurança nacional, depois que meio milhão de cidadãos tomaram as ruas para exigir seu cancelamento. A suada vitória encorajou nossos espíritos e fortaleceu nossa identidade coletiva.

O cancelamento do programa de Educação Nacional teve o mesmo efeito sobre a cidade nove anos depois. Isso deu a todos os cidadãos amantes da liberdade uma injeção de ânimo e os lembrou de que não precisavam se fingir de mortos diante das más políticas governamentais. As mudanças reais poderiam acontecer se trabalhássemos em conjunto.

Porém, por mais eufóricos que nos sentíssemos, sabíamos que não deveríamos descansar sobre os louros. Hong Kong permanecia uma cidade de liberdade sem democracia; os cidadãos tinham o direito de protestar, mas ainda não podiam escolher seu governo. Enquanto nosso sistema político continuasse o mesmo, era apenas questão de tempo a irrupção de outra iniciativa governamental perigosa. E na próxima vez, talvez não fôssemos capazes de manter a nossa posição. Tínhamos de dirigir nossa atenção ao objetivo final de trazer o sufrágio universal para Hong Kong. Sempre que alguém me parabenizava pela vitória na questão do programa de Educação Nacional, eu respondia da mesma maneira: podemos ter vencido uma batalha, mas a guerra está longe de acabar. Eu não estava sendo humilde; era a verdade nua e crua.

Os honcongueses são pragmáticos. Poucos se preocupam com disparates políticos, como uma reforma eleitoral, que pode ou não acontecer, muito menos beneficiá-los a curto prazo. Costuma-se dizer que há dois tipos de pessoas na cidade: aquelas que não se importam com a política e aquelas que se importam, mas optam por não fazer nada a respeito. No entanto, onde os adultos falharam, os jovens assumirão a responsabilidade. Se a campanha contra o programa de Educação Nacional nos ensinou uma coisa foi que os estudantes têm algo a dizer nas questões dos adultos. A política não é mais um esporte exclusivo para políticos de cabelos grisalhos e burocratas de longa data.

Em 2012, se eu tivesse perguntado a alguém nas ruas o que significava sufrágio universal, pouquíssimas pessoas teriam me dado uma resposta direta. Menos pessoas ainda teriam me dito que Pequim prometera à cidade o direito de eleger seu próprio chefe-executivo e todo o LegCo dentro de alguns anos. Sem o conhecimento da maioria dos honcongueses, existia uma promessa política praticamente esquecida, um eixo em torno do qual uma revolta popular em grande escala logo giraria.

Para entender como essa promessa política surgiu, temos de recuar aos primeiros anos da Região Administrativa Especial de Hong Kong da República Popular da China.

A primeira década após a transferência da soberania foi nada menos que catastrófica. Ainda que a transição para o domínio chinês em 1997 tenha sido suave, a região administrativa especial recém-criada começou a quebrar sob o peso de uma crise de dívida regional, uma epidemia mortal e um governo incompetente.

Em 1997, eu era apenas um bebê quando uma crise financeira devastadora atingiu o Leste e o Sudeste Asiáticos. Levou anos para a região se recuperar, e Hong Kong mal tinha se reerguido quando, em 2002-2003, uma epidemia de SARS (sigla em inglês para síndrome respiratória aguda grave), matou quase 300 pessoas e dizimou a economia local. Naquele verão, lembro-me dos meus pais me levando para comer *dim sum* em um restaurante do bairro e encontrar o salão, que normalmente ficava lotado, completamente vazio. Era como estar um filme de ficção científica pós-apocalíptico.

E as coisas pioraram. A política de habitação equivocada de Tung Chee-hwa levou à explosão da bolha imobiliária e à execução hipotecária de milhares de imóveis, elevando a taxa de suicídio a um nível recorde. Em seguida, um polêmico projeto de lei de segurança nacional, exigido pela Lei Básica, mas que nunca fora promulgado, propôs longas penas de prisão para sedição, secessão ou traição e dava ao governos maiores direitos de prender cidadãos e banir organizações políticas consideradas como ameaça à segurança nacional. Foi a gota d'água: 500 mil cidadãos furiosos marcharam pela Hennessy Road, na maior manifestação de 1º de julho da história, para exigir prestação de contas e reforma política do governo.

Na época, eu era muito jovem para participar da manifestação, mas meus pais estavam lá. Perguntei para minha mãe por que ela tinha ido e ela respondeu: "Se o projeto de lei fosse aprovado, o governo poderia revistar qualquer casa que quisesse e até confiscar objetos pessoais. Você gostaria que todos os seus videogames fossem levados embora?".

Nos anos seguintes, os apelos à democratização do território ficaram mais enfáticos em cada aniversário da transferência da soberania; um lembrete anual do lento declínio da cidade desde sua reversão ao domínio chinês. Em Pequim, os altos dirigentes precisavam acalmar a raiva do povo em Hong Kong antes que perdessem o controle da cidade. Em 2007, o órgão legislativo central da China — o Comitê Permanente do Congresso

Nacional do Povo (CNP) — encontrou uma solução rápida. Prometeu ao povo de Hong Kong o direito de eleger livremente o chefe-executivo, em 2017, e todos os membros do LegCo, em 2020. Significava que os honcongueses poderiam escolher seus líderes e seus representantes democráticos pela primeira vez na história.

Se mantida, essa promessa seria o maior passo rumo à democratização de Hong Kong. Embora a Lei Básica garanta o sufrágio universal como "objetivo final", é omissa a respeito de quando e como esse objetivo deve ser cumprido. Pelo menos, a promessa de 2007 respondeu à pergunta de "quando".

Por outro lado, a questão do "como" continuou preocupando muitos do campo pró-democracia. Todavia, os honcongueses podem ter memória curta e um intervalo de atenção ainda mais curto. Em 2012, no momento em que a saga contra o programa de Educação Nacional se desenrolou, a maioria dos cidadãos já tinha se esquecido da promessa do CNP. Até a SARS tinha se tornado coisa do passado.

* * *

A primeira pessoa a reconhecer a necessidade e a urgência de elaborar os detalhes da reforma eleitoral foi o professor Benny Tai, especialista respeitado em Direito Constituci`onal. Conheci o professor Tai durante a campanha contra o programa de Educação Nacional, em 2012, quando ele comparecia aos nossos protestos para manifestar apoio como acadêmico. Naquela época, não nos conhecemos muito bem, mas tive um forte pressentimento de que nossos caminhos voltariam a se cruzar em breve.

No final de 2013, quatro anos antes do cumprimento da primeira parte da promessa de 2007, o governo de Hong Kong anunciou a rodada inicial das consultas públicas para discussão da mecânica da eleição do chefe-executivo em 2017.* Na primavera seguinte, o professor Tai, o professor de sociologia Chan Kin-man e o pastor batista reverendo Chu Yiu-ming ameaçaram promover uma campanha de desobediência civil se o governo

---

* Em 26 de março de 2017, Carrie Lam, a candidata preferida de Pequim, foi eleita chefe-executiva sob o modelo eleitoral corrente, que é bastante restrito.

se recusasse a ouvir as pessoas. Chamaram a campanha de Occupy Central with Love and Peace (OCLP — "Ocupar o Centro com Amor e Paz").

O chamado "Occupy Central Trio" propôs uma manifestação em massa no coração do distrito financeiro da cidade, se Pequim quebrasse sua promessa ou sabotasse a eleição do chefe-executivo mediante a pré-seleção dos candidatos ou a introdução de critérios de indicação descabidos. A campanha pacífica paralisaria as atividades financeiras, a própria força vital do DNA de Hong Kong. Para tornar a ameaça convincente, o Occupy Central Trio até chegou a escolher um local e uma data: Chater Garden, 1º de outubro. Participação prevista: 3 mil pessoas.

Juntamente com meus colegas do Escolarismo, acompanhei os acontecimentos com grande interesse. Se o sufrágio universal era a resposta para todos os problemas da sociedade, então nós, os estudantes, queríamos ser parte dessa solução. O professor Tai e eu aparecemos juntos em diversas entrevistas para meios de comunicação de destaque, discutindo como a luta pelo sufrágio universal poderia se desenrolar nos próximos meses.

Em junho, o Occupy Central Trio organizou um referendo não oficial em toda a cidade, com duração de oito dias, apresentando ao público em geral três métodos alternativos para a realização da eleição do chefe-executivo em 2017. Entre as três opções, a mais progressista era a proposta apresentada em conjunto por nós, do Escolarismo, e pela Hong Kong Federation of Students, na expectativa de nos levar para mais perto do nosso prometido sufrágio universal. Foi a única opção que insistiu em um recurso chamado "indicação civil", que permitia que cidadãos individuais indicassem candidatos a fim de contornar qualquer pré-seleção de Pequim. Em 2013, eu havia sido o primeiro a propor a indicação civil quando a consulta pública começou, e tinha sido seu defensor mais eloquente desde então. No total, 800 mil cidadãos — um em cada nove habitantes de Hong Kong — participaram da pesquisa, votando em urnas físicas instaladas nos *campi* das universidades ou por meio de um aplicativo para smartphone.

Contudo, ainda que a sociedade civil pudesse falar de indicação civil e outros recursos elaborados que queríamos, no final das contas foi Pequim quem deu as ordens. Em 31 de agosto, o Comitê Permanente do CNP divulgou seu próprio e definitivo modelo para a eleição. Limitava a "dois ou três" o número de candidatos ao cargo de chefe-executivo e exigia que

ATO I GÊNESE

cada candidato fosse selecionado por um comitê de indicação composto por 1,2 mil membros, de forma muito semelhante à qual nossos chefes--executivos anteriores tinham sido escolhidos. Pequim havia encontrado uma maneira de nos ofertar o que parecia ser um sufrágio universal, mas sem dar isso para nós.

Em 31 de agosto, sentados em nosso escritório alugado, eu e outros membros do Escolarismo assistimos ao anúncio desse modelo com espanto e indignação. "É por isso que meus pais me dizem para nunca confiar nos comunistas", confidenciei a Agnes Chow. Senti como se alguém tivesse acabado de chutar meu estômago. Mil e duzentas vezes.

Algumas horas após o anúncio, o professor Tai, com lágrimas nos olhos, apareceu em uma entrevista coletiva organizada às pressas. "Hoje é o dia mais sombrio do desenvolvimento democrático de Hong Kong", ele declarou. "Nosso diálogo com Pequim chegou ao fim do caminho." O professor Tai disse aos seus apoiadores que ele não tinha outra opção a não ser continuar a campanha Occupy Central em 1º de outubro.

O professor Tai pode ter ficado desolado, mas eu fiquei absolutamente furioso. O povo de Hong Kong tinha esperado sete anos em vão. A versão de Pequim da reforma eleitoral foi tanto um recuo em sua promessa, como um insulto à nossa inteligência. O modelo apresentado em 31 de agosto foi uma provocação aberta aos honcongueses: muito ruim, muito triste.

E o que faríamos a respeito?

Eu sabia não era o único que queria tomar uma atitude. Fortalecidos e encorajados pela nossa campanha contra o programa de Educação Nacional de dois anos antes, os estudantes estavam entre os primeiros a reagir com indignação contra a bomba do CNP. Enquanto o Occupy Central Trio ainda se ocupava realizando treinamentos e seminários na preparação para sua manifestação de 1º de outubro, grupos de estudantes, como o Escolarismo, sentiram que tinham que assumir as rédeas. Em vez de esperar que os adultos agissem, disparamos o primeiro tiro e deflagramos uma cadeia de eventos que mudaria o curso da nossa história.

***

DEMOCRACIA AMEAÇADA

Em 13 de setembro, duas semanas depois do anúncio do CNP, liderei o Escolarismo em uma manifestação em massa no Almirantado, em frente à sede do governo. Apelamos aos participantes para usarem uma fita amarela como demonstração de solidariedade à nossa causa.

Na semana seguinte, a Hong Kong Federation of Students (HKFS), encabeçada por Alex Chow, Lester Shum e Nathan Law, anunciou um boicote às aulas de cinco dias em todas as oito universidades de Hong Kong e realizou grandes assembleias estudantis em diversos *campi*. Como a união faz a força, a HKFS posteriormente transferiu seus protestos nos *campi* para o Almirantado, para se unir às nossas manifestações. Da mesma maneira, o Escolarismo estendeu o boicote às aulas da HKFS às escolas secundárias em toda a cidade. Até o final de setembro, nossa campanha conjunta realizou protestos diários no Almirantado e o público superou a casa dos 10 mil manifestantes.

Na sexta-feira, 26 de setembro, tudo chegou a um ponto crítico. Naquela tarde, em uma reunião entre o Escolarismo e a HKFS, Nathan manifestou a preocupação que estava na mente de todos havia algum tempo. "O governo se acostumou com nossos slogans e palavras de ordem: precisamos de um plano para intensificar nossa luta." Estávamos sentados em círculo atrás de um palco improvisado montado fora da Praça Cívica, como era agora amplamente conhecida, o local onde, apenas dois anos antes, eu tinha proferido o discurso da minha vida.

Havia semanas, sob o pretexto de segurança pública, a Praça Cívica fora isolada com uma cerca de três metros de altura pela polícia, transformando-a em uma fortaleza intimidante. Eu tinha o olhar fixo na cerca ao redor da praça quando tive uma ideia. "Hoje à noite, vamos recuperar a Praça Cívica", disse.

Ao pôr do sol, quase dez mil cidadãos tinham se reunido em frente à sede do governo, como haviam feito todas as noites nas últimas duas semanas. Durante horas, os ativistas estudantis se revezaram no palco e proferiram discursos inflamados, exigindo ação imediata do governo para atender nosso pedido por sufrágio universal. Por volta das dez e meia da noite, Nathan me entregou o microfone e convoquei a multidão para ocupar a Praça Cívica. Centenas de manifestantes responderam ao meu apelo e correram para a cerca, começando a escalá-la para invadir a praça. Em questão de minutos, a polícia chegou e nos atacou com spray de pimenta.

ATO I GÊNESE

Enquanto eu escalava a cerca, do nada fui puxado por um policial e preso no local. Os óculos caíram do meu rosto e um dos tênis escapou do meu pé enquanto eu era carregado pelos braços e pernas através da multidão por oito policiais até uma viatura. Não conseguia enxergar. Esperneava e gritava. Não fazia ideia de onde estava. No dia seguinte, Alex e Lester foram detidos e colocados na prisão.

Foi a primeira vez que fui preso. Eu tinha 17 anos. Fui levado para uma cela de detenção em uma delegacia de polícia próxima, onde passaria as 46 horas seguintes isolado do mundo exterior. Além de um banco, a pequena cela não tinha janelas nem móveis. Por quase dois dias inteiros, sobrevivi a base de água de torneira, comida intragável e quase nenhum sono. Não conseguia enxergar direito sem os óculos, e, com apenas um tênis, tinha que mancar enquanto era levado de uma sala para a outra para ser interrogado. Diversos policiais pediram para colher meu depoimento e gravar em vídeo meu interrogatório. Não sabia o que dizer e, assim, não disse nada, como os suspeitos fazem nos filmes policiais. Um dos guardas zombou de mim: "Você podia ter ficado na escola, mas preferiu ser um encrenqueiro. Quanto dinheiro os americanos lhe deram para fazer isso?". Sentia-me sozinho, indefeso e tremendamente culpado; não conseguia pensar em como meus pais deviam estar preocupados sem saber o que havia acontecido com seu filho.

***

No momento em que fui libertado sob fiança, era o início da manhã de 29 de setembro. Depois de um longo banho em casa, liguei a tevê para ver o que tinha perdido. Fiquei sabendo que, no prazo de 24 horas após a minha prisão, o número de manifestantes no Almirantado tinha crescido para quase 200 mil pessoas. Fiquei de queixo caído quando vi imagens fortes de bombas de gás lacrimogêneo sendo lançadas pela tropa de choque do lado de fora da sede do governo, e manifestantes desarmados usando nada além de guarda-chuvas, capas de chuva, filmes plásticos e outros objetos domésticos para se defender do spray de pimenta e do gás lacrimogêneo. "Não é a Hong Kong que conheço", disse para mim mesmo, balançando a cabeça enquanto as mesmas cenas apareciam no canal de notícias 24 horas.

DEMOCRACIA AMEAÇADA

Como se viu depois, a repressão com bombas de gás lacrimogêneo, em 28 de setembro, foi certamente o choque necessário para colocar os adultos em ação. Naquela mesma noite, o professor Tai subiu ao palco no Almirantado e disparou o tiro que deveria ter disparado semanas antes: "O Occupy Central começa oficialmente!", ele declarou. Foi o início do movimento de ocupação de 79 dias que a imprensa estrangeira apelidou de "Revolução dos Guarda-Chuvas".

O movimento não aconteceu em um vácuo social. A promessa quebrada em relação à reforma eleitoral e a repressão policial subsequente catalisaram a agitação, mas não a causaram. Foram necessárias décadas de frustração reprimida com a desigualdade de renda, a falta de mobilidade social e outras injustiças para que a revolta popular finalmente transbordasse. De forma memorável, Martin Luther King Jr. disse que a liberdade nunca é concedida de maneira voluntária pelo opressor e que ela deve ser exigida pelos oprimidos. O Movimento dos Guarda-Chuvas foi nossa maneira de fazer as nossas exigências serem ouvidas.

O Movimento dos Guarda-Chuvas não só colocou Hong Kong no mapa, mas também revelou o melhor absoluto de nós. Para qualquer lugar que olhávamos, víamos cidadãos de todas as idades e profissões distribuindo comida, água e medicamentos aos manifestantes. Os empregados de escritórios apareciam durante seus intervalos de almoço com doações em dinheiro; os pais e os aposentados se revezavam em turnos para gerenciar as provisões; os estudantes permaneciam em silêncio para receber lições cívicas que nenhuma aula poderia ensinar-lhes. As multidões nos três principais locais — Almirantado, Mongkok e Causeway Bay — eram dez vezes maiores do que aquelas da campanha contra o programa de Educação Nacional. O símbolo do movimento — o guarda-chuva amarelo — captou tanto a humildade como a humanidade dos manifestantes pacíficos.

Em 1º de outubro, Dia Nacional da China, pedi para que todos trouxessem barracas e cobertores, preparando-se para uma luta prolongada. Pouco depois, uma cidade de barracas surgiu na Harcourt Road quando os manifestantes começaram a passar a noite na maior festa do pijama ao ar livre do mundo. Para apoiar uma comunidade autossustentável, comodidades como centrais de suprimentos e centros médicos brotaram como cogumelos. Fiquei especialmente animado com uma biblioteca improvisada feita

48

de tendas e móveis doados, onde filas após filas de alunos da escola secundária, ainda usando seus uniformes, liam e faziam lições de casa sob a supervisão de professores voluntários. "Acha isso impressionante?", Agnes perguntou para mim. "Você deve ver os banheiros das mulheres. Há mais produtos para a pele e cosméticos do que uma loja de departamentos. E são todos de graça!" A imprensa ocidental nos chamou de os manifestantes mais educados do mundo, mas, em minha opinião, também éramos os mais engenhosos, criativos e disciplinados.

Ainda assim, desafiar a China Comunista não era brincadeira. Embora a polícia tivesse recuado depois de ser amplamente condenada pela repressão com gás lacrimogêneo, no espaço de dias, delinquentes contratados começaram a aparecer nos locais de protesto. A situação ficou especialmente tensa em Mongkok, um enclave violento da classe trabalhadora do outro lado do Porto Victoria. Relatos de agressões físicas e até abuso sexual começaram a aparecer nos sites de notícias on-line e causaram preocupação entre os manifestantes em relação à sua segurança pessoal. "Minha mãe acabou de ligar e me pediu para eu ir para casa", Agnes disse. "As gangues estão tentando assustar não só os manifestantes, mas também os seus pais!"

Certa manhã, acordei em minha barraca na avenida Tim Mei — o local de acampamento do Escolarismo e da HKFS — encharcado até os ossos. Alguém tinha entrado sorrateiramente na minha barraca enquanto eu dormia e despejado uma garrafa de água. Descartei a possibilidade de que o ato fosse uma brincadeira, já que ninguém estava no clima para brincadeiras.

A violência real e a ameaça de violência se combinavam com a intimidação verbal. Desde o boicote às aulas em setembro, acusações de que os ativistas estudantis estavam recebendo apoio de governos estrangeiros tinham se espalhado na mídia estatal chinesa. Os políticos pró-Pequim em Hong Kong davam entrevistas em programas de tevê e rádio enlameando Alex, Nathan e eu, inventando teorias de conspiração sobre nossas supostas ligações com a CIA e o MI6. Mesmo os cidadãos comuns não estavam imunes a esse chamado "terror branco". Por medo de irritar o governo chinês, muitas empresas proibiram seus funcionários de visitar as zonas de protesto ou de demonstrar apoio aos manifestantes nas redes sociais.

DEMOCRACIA AMEAÇADA

À medida que o movimento se arrastava, rachaduras começaram a aparecer na frouxa coalizão de ativistas estudantis, Occupy Central Trio e políticos veteranos pró-democracia. O desafio em relação a um movimento praticamente sem lideranças — o Occupy Central Trio e os ativistas estudantis como eu eram as faces do movimento, mas estavam longe de ser seus líderes — era que muitas vezes era difícil, se não impossível, alcançar consensos entre as diversas partes interessadas. As semanas passavam sem que nenhuma decisão ou ação fosse tomada. Além de um debate televisionado entre ativistas estudantis e altos funcionários do governo em meados de outubro, que não resultou em nenhuma resolução, nenhum dos lados se moveu um centímetro. Todos os dias, os manifestantes se alternavam entre afastar a polícia das linhas de frente, fazer as lições de casa e se alimentar. Os locais de protesto se tornaram uma bolha, isolando os campistas do mundo exterior. Quando o frio do outono começou, o movimento continuou a se afastar cada vez mais do seu objetivo original: a reforma eleitoral.

Descontentes com a falta de progresso, grupos dissidentes, que se autodenominavam "localistas", começaram a se unir. Estavam especialmente irritados com a atmosfera de "kumbaya" no Almirantado e viam nossa coalizão com tanto desprezo quanto viam o governo. Suas tentativas de invadir prédios do governo eram frustradas por manifestantes moderados, o que apenas aprofundava a discórdia. Assim como o movimento polarizou a sociedade nos chamados "fitas amarelas" (pró-ocupação) e "fitas azuis" (pró-polícia e governo), o movimento em si também se dividiu em moderados e radicais. Isso beneficiou C. Y. Leung e seus chefes em Pequim, que tinham esperado que uma guerra de desgaste levasse a uma divisão e a disputas internas, o que, por sua vez, enfraqueceria e acabaria por destruir o movimento.

Foi exatamente o que aconteceu. No final de novembro, dois meses após o primeiro disparo de gás lacrimogêneo, grupos empresariais pró-Pequim conseguiram obter ordens judiciais para desimpedir as zonas de protesto, sob a alegação de que os manifestantes estavam interrompendo as atividades das empresas. Oficiais de justiça e equipes de remoção começaram a desmontar barricadas e barracas, muitas vezes com a ajuda de policiais e até de delinquentes. Os manifestantes não ofereceram muita resistência, em parte porque não queriam desafiar a polícia e o tribunal, e, também, porque sabiam que o movimento tinha de acabar de uma forma ou de outra.

No entanto, alguns de nós nos recusamos a nos render. Em 25 de novembro, Lester Shum e eu estávamos entre os diversos ativistas presos em Mongkok por violar uma ordem judicial para evacuar a zona de protesto. Ao ser levado pela polícia, gritei: "Por que vocês estão fazendo isso? Também estamos lutando por vocês e pelos seus filhos!". Foi minha segunda prisão. Depois de passar trinta horas em uma cela, compareci diante de um juiz e fui acusado de desacato à autoridade do tribunal.

Nos dias seguintes, um após o outro, os locais de protesto começaram a ser desimpedidos por meio da ação de escavadeiras e caminhões basculantes. Em 15 de dezembro, os oficiais de justiça limparam o último acampamento em Causeway Bay, pondo fim a 79 dias da ocupação das ruas sob a liderança dos estudantes. Embora o movimento não tivesse conseguido alcançar os resultados políticos pretendidos, é indiscutível o impetuoso despertar político e engajamento cívico que provocou. Foi uma mudança de paradigma que remodelou e continua a remodelar o cenário político em Hong Kong, alterando para sempre a relação entre Estado e cidadãos, entre opressor e oprimido. Como a campanha contra o programa de Educação Nacional, em 2012, o Movimento dos Guarda-Chuvas deu aos honcongueses, sobretudo à minha geração, nova confiança para desafiar a China Comunista.

Para mim, a maior lição do movimento não teve nada a ver com a questão do sucesso ou fracasso. Mesmo o crítico mais severo deve reconhecer que foi a primeira revolta popular em Hong Kong e que não tínhamos precedente em que nos apoiar, nem manual a seguir. Fizemos o melhor que pudemos nas circunstâncias.

O que importava era o que faríamos com essa experiência transformadora. O movimento pode ter acabado com o desmantelamento do último local de protesto, mas seu legado e espírito continuariam a existir. Tinha de sobreviver, porque a nossa luta estava longe de terminar. Precisávamos transformar nossa frustração em determinação e motivação, reconstruindo nossa confiança e respeito mútuos.

Em 2011, no final da campanha Occupy Wall Street, nos Estados Unidos, o filósofo esloveno Slavoj Žižek se dirigiu à multidão no Zuccotti Park:

DEMOCRACIA AMEAÇADA

Só precisamos de paciência. Meu único medo é que, algum dia, voltaremos para casa e depois nos encontraremos uma vez por ano, para beber cerveja e lembrar com nostalgia que bons tempos vivemos aqui. Prometam a si mesmos que não será o caso. Sabemos que as pessoas muitas vezes desejam algo, mas não querem realmente. Não tenham medo de realmente querer o que vocês desejam.

Poderíamos usar um pouco desse espírito de luta neste momento.

CAPÍTULO 4

De manifestantes a políticos:
A fundação do Demosistō

從抗爭者到政治人物：香港眾志的創立

Fui o ativista estudantil que organizou a primeira série de protestos em massa no período que precede o Movimento dos Guarda-Chuvas e o primeiro a ser preso por ações relacionadas a ele. Meu papel como revolucionário adolescente mobilizou a imaginação da comunidade internacional e se tornou um momento de aprendizado para jovens ativistas em todo o mundo. Enquanto a campanha contra o programa de Educação Nacional me tornou um nome conhecido em Hong Kong, o Movimento dos Guarda-Chuvas me transformou em um garoto propaganda global da resistência contra a China Comunista.

Em outubro de 2014, a revista *Time* me pôs na capa da sua edição internacional, junto com o título: the face of protest ["A face do protesto"]. No mesmo mês, escrevi meu primeiro artigo opinativo para o *New York Times*, intitulado: "Taking Back Hong Kong's Future" ["Recuperando o futuro de Hong Kong"]. Na época, todos os meios de comunicação, de todas as partes do mundo, tinham aparecido na zona de protesto na Harcourt Road em busca de uma entrevista. Fui chamado de Jovem do Ano de 2014 pelo *The Times* e colocado em décimo lugar na lista dos 50 maiores líderes do mundo pela revista *Fortune*. "Se eu soubesse que a *Time* usaria essa foto na capa, teria cortado o cabelo antes", brinquei com os meus pais.

Na verdade, nunca busquei a fama e, com certeza, não fiz o que fiz para ficar famoso. Por mais que sentisse humildade e muitas vezes constrangimento por causa da impressionante atenção da mídia, queria aproveitá-la e transformá-la em capital político em benefício da nossa luta pró-democracia. Em 2015, na primeira reunião do Escolarismo após o Movimento dos Guarda-Chuvas, eu disse para uma sala repleta de nossos ativistas: "Os acontecimentos recentes despertaram muitos honcongueses, e devemos transformar cada dose dessa nova energia em votos". O Movimento dos Guarda-Chuvas nos ensinou muitas lições importantes; uma delas foi que só lutar nas ruas não era suficiente. Precisávamos mudar o sistema político a partir de dentro, e faríamos isso enviando jovens para o Poder Legislativo. Tínhamos que vencer o governo em seu próprio jogo.

***

Para fazer isso, precisávamos de uma nova plataforma que atraísse não apenas os estudantes — recentemente, eu tinha me formado na escola secundária e estava em meu primeiro ano na Open University —, mas também os eleitores adultos, que eram motivados por um conjunto diferente de prioridades e preocupações.

Em abril de 2016, 17 meses após a última zona de protesto ter sido evacuada, relançamos o Escolarismo como Demosistō, partido político da juventude. O nome é uma palavra-valise do grego para "povo" e do latim para "eu defendo".

Nosso lançamento não foi fácil: a entrevista coletiva à imprensa começou muitas horas atrasada por causa do mau funcionamento do microfone, e a transmissão ao vivo pelo YouTube foi interrompida tantas vezes que o número de espectadores caiu em certo momento de algumas centenas para menos de vinte. Os grupos localistas que nos criticavam zombaram do nosso nome (disseram que parecia "Demolição"), acusando-nos de traição e dizendo que nos converteríamos em políticos nojentos. No entanto, como Nathan me lembrou depois da entrevista coletiva, a democracia é um processo. Parte dele é conquistar aqueles que não gostam de nós. Lembrar disso me fez sentir muito melhor.

Assim que o Demosistō ganhou vida, mergulhamos na preparação para a eleição do Conselho Legislativo de 2016, que estava a apenas cinco meses de distância. Dentro do partido, houve apoio unânime para que Nathan Law fosse o candidato, não só porque ele tinha idade

ATO I GÊNESE

suficiente para isso (Agnes e eu tínhamos um ano a menos que a idade mínima de 21 anos), mas também porque Nathan possuía a combinação perfeita de temperamento, maturidade e perfil público que procurávamos em nosso candidato.

Concordamos em concorrer com base em uma plataforma de "autodeterminação". Conforme a Lei Básica, o regime "um país, dois sistemas" — e, portanto, a semiautonomia da cidade — expiraria em 2047. Então, acreditávamos que os honcongueses deveriam ter voz para determinar seu próprio destino por meio de um referendo, em contraste com o que aconteceu durante as discussões da transferência da soberania, quando a Grã--Bretanha e a China negociaram o nosso futuro sem a nossa participação.

A autodeterminação é um conceito estabelecido no Direito Internacional, sendo um direito humano reconhecido pela Pacto Internacional sobre Direitos Civis e Políticos das Nações Unidas. Mas, em Hong Kong, era um conceito novo, e ainda mais novo para o campo pró-Pequim, que frequentemente acusava injustamente o Demosistō de defender a independência ou uma revolução colorida.

As campanhas eleitorais são um trabalho extenuante para qualquer partido político, principalmente um com recursos limitados e uma imagem de sindicato estudantil que pouco ajudava. Ao contrário dos partidos pró-Pequim bem financiados, o Demosistō dependia unicamente de financiamento coletivo e das doações públicas que coletávamos em comícios de rua. Apesar do apelo do "garoto da casa ao lado" de Nathan, seus números nas pesquisas oscilaram entre pífios um a três por cento, até o último mês. "Por que os nossos números são tão baixos?", perguntávamos uns aos outros, incrédulos, todas as manhãs ao checarmos as notícias.

Aprendemos da maneira mais difícil que simpatia nem sempre se converte em elegibilidade, sobretudo no distrito eleitoral de Nathan, na Ilha de Hong Kong, que consiste principalmente de profissionais liberais instruídos e elites empresariais abastadas, muitos dos quais quase sempre escolhiam estabilidade em vez de liberdade, lucros em vez de princípios.

Em comparação com seus adversários, a juventude de Nathan era uma desvantagem, e seu papel de liderança no Movimento dos Guarda-Chuvas era um pecado original, afastando a classe média cansada de protestos. "Colocamos até o último centavo que tínhamos nessa campanha. Se

DEMOCRACIA AMEAÇADA

perdermos, vamos ficar sem nada", Nathan disse para mim, na contagem regressiva de um mês para o dia das eleições.

***

Em um filme de super-herói, a situação sempre parece mais desesperadora antes de os mocinhos se recuperarem para salvar a pátria. Em nosso caso, atingimos esse ponto de inflexão menos de três semanas antes de os eleitores se dirigirem às urnas, quando até mesmo os meios de comunicação favoráveis tinham praticamente nos descartado. Mas, após uma série de desempenhos excelentes em debates na tevê, os números de Nathan nas pesquisas começaram a subir. Celebridades "fita amarela", como os cantores de música pop cantonesa Anthony Wong e Denise Ho, que tiveram papel de destaque durante o Movimento dos Guarda-Chuvas, deram o seu apoio. Nossa campanha de marketing inovadora, usando o Instagram Live e vídeos de realidade virtual, gerenciada por nosso diretor de mídia Ivan Lam, gerou um enorme burburinho nas redes sociais. No último mês antes do dia das eleições, militantes do Demosistō ficaram nas ruas todas as noites depois da meia-noite distribuindo panfletos e cumprimentando os eleitores. De longe, éramos o partido político que mais trabalhava em toda a Hong Kong.

"Vocês estão trabalhando ainda mais do que durante o Movimento dos Guarda-Chuvas e isso diz muito", minha mãe reclamava comigo, já que teve de aturar minhas noitadas e interminável elaboração de estratégias com colegas do partido. Ainda assim, cerramos os dentes e seguimos em frente. O ditado chinês de que o empenho pode compensar todas as deficiências ainda estava me fazendo continuar.

Pouco depois da meia-noite de 4 de setembro, após o fechamento das urnas e da contagem dos votos, os resultados foram divulgados: aos 23 anos, Nathan conquistou mais de 50 mil votos e se tornou o deputado mais jovem já eleito na Ásia. Todos os membros do Demosistō na central de apuração irromperam em lágrimas de alegria, mesmo Agnes, que é a mais durona entre nós. Cinco meses de trabalho noturno extenuante em nosso bagunçado escritório de campanha e dias parados nas esquinas sob sol escaldante finalmente valeram a pena. Enxugando minhas lágrimas, dei um abraço apertado em Nathan e disse: "Nós conseguimos!".

ATO I GÊNESE

***

Como único deputado estudantil da cidade, Nathan ingressou no LegCo com um mandato claro. Ele concentraria seus esforços na reforma da educação, no emprego para jovens e na política habitacional. Como ávido jogador de videogame e comentarista semiprofissional de esportes eletrônicos, Nathan também queria posicionar Hong Kong como um centro de competições internacionais de videogame, embora em particular reconhecesse que isso era mais um projeto de estimação do que uma prioridade em sua agenda política.

Nathan mal tinha iniciado seu mandato no LegCo quando explodiu uma crise constitucional, apelidada de "Oathgate", que, no final das contas, custou-lhe o cargo. Na cerimônia de posse, em outubro, meia dúzia de deputados novatos, incluindo Nathan, afastaram-se do seu juramento (*oath*, em inglês) para fazer uma declaração política. Quando jurou lealdade à China, Nathan modificou o tom na última palavra da frase, basicamente transformando a promessa em uma pergunta.

No campo pró-democracia, tinha sido uma tradição utilizar a cerimônia de juramento como plataforma de protesto, exibindo adereços, gritando slogans ou acrescentando palavras ao juramento prescrito. Porém, dessa vez, em um movimento para livrar a legislatura de recém-chegados indesejados, o governo entrou com uma ação judicial para afastar os seis deputados por suas travessuras.

De bom grado, Pequim cooperou e emitiu uma interpretação da Lei Básica que coincidia com a posição do governo. Em uma decisão expedida em novembro, o Comitê Permanente do CNP decidiu que se um parlamentar eleito "falha de modo proposital em prestar juramento de maneira correta, ele ou ela não poderá voltar a prestá-lo e será desqualificado para assumir cargo público".

O Oathgate se arrastou durante meses enquanto a ação ajuizada pelo governo percorria o sistema judicial. Em julho de 2017, dez meses após a vitória eleitoral histórica de Nathan, o tribunal decidiu contra os seis deputados, em deferência ao CNP. Se destituí-los já não fosse ruim o suficiente, o governo teve a audácia de exigir que eles devolvessem seus salários e reembolsos de despesas. Nem mesmo minha mãe foi capaz de conter a raiva. "Votei em Nathan em setembro passado", ela disse. "Quem deu ao governo o direito de invalidar o meu voto? E que tipo de empregador faz seus empregados devolverem seus salários após demiti-los?"

Nathan atingiu o fundo do poço. Ele não só havia perdido seu mandato obtido com muito esforço, mas ele e eu estávamos prestes a começar a ser julgados pelos nossos papéis no Movimento dos Guarda-Chuvas. "Estou desempregado e talvez precise declarar falência se tiver que devolver meus salários. Além disso, você e eu talvez tenhamos de ir para a prisão dentro de algumas semanas. Como o Demosistō vai sobreviver a tudo isso?", ele disse, chorando convulsivamente. Embora ele estivesse inconsolável, tentei confortá-lo. "Se sobrevivemos ao pior do Movimento dos Guarda-Chuvas, também vamos sobreviver a isso."

Alguns analistas locais costumam comparar a situação de Hong Kong após a transferência da soberania para a China à de um sapo em uma fervura. De acordo com a metáfora, se o sapo é posto em água morna, que depois é levada a ferver lentamente, não notará a mudança gradual de temperatura e, sem saber, será cozido até a morte. Durante anos, Pequim vinha destruindo as liberdades de Hong Kong sem que percebêssemos. Desde 1997, o Partido Comunista Chinês vinha cooptando líderes empresariais locais em Hong Kong para encampar e exercer influência sobre veículos de mídia impressa, redes de livrarias, editoras e estações de rádio e tevê. Essa campanha chamada "Frente Unida" foi idealizada por Pequim para reforçar o controle sobre a sociedade de Hong Kong, implantando sem alarde sua própria agenda política no território semiautônomo cada vez mais sitiado.

Isso foi então, mas agora é diferente. Desde 2014, a liderança chinesa não parece mais disposta a mudanças sutis e graduais. No final de 2015, por exemplo, cinco membros de uma editora local conhecida por publicar livros políticos do tipo que "contam tudo" sobre o Partido Comunista Chinês desapareceram. Acredita-se que foram sequestrados e detidos por agentes chineses do continente.

Incidentes como os sequestros de livreiros e o Oathgate são sinais de que Pequim está perdendo a paciência e recorrendo cada vez mais à repressão contundente. Os chineses aumentaram a temperatura e colocaram uma tampa sobre a panela. O sapo pode espernear e gritar tudo o que quiser, mas não há escapatória da água fervente. Hoje em dia, é assim que um honconguês se sente.

E as más notícias continuaram a aparecer. Dizem que a vingança é um prato que se serve frio: o Departamento de Justiça esperou três anos após o Movimento dos Guarda-Chuvas para acusar Nathan, Alex e eu de reunião ilegal referente à invasão da Praça Cívica naquela fatídica noite de setembro de 2014. Em 17 de agosto de 2017, dois meses antes do meu aniversário de 21 anos, o tribunal condenou cada um de nós a uma pena de seis a oito meses de prisão — de longe o meu período mais longo até hoje — e, ao fazer isso, tornou-nos os primeiros prisioneiros de consciência da história da cidade.

A prisão política é um passo inevitável no caminho da democracia. Foi o caso da Coreia do Sul e de Taiwan e é assim em Hong Kong. Nós três sabemos disso pessoalmente. Longe de nos silenciar, porém, a prisão só fortaleceria nossa determinação.

ATO II

Encarceramento: Cartas de Pik Uk

獄中日記 YP4030　8月19日 (星期六)

經過昨日的醫院檢查後，終於在監獄試中的大倉渡過了第一個晚上，我被分配至一個二人的監倉裡，慶幸同居的囚友也很友善，即使試中環境明顯沒有想像中那麼好，但在沒有床鋪的硬板床，還是需要些時間適應，但慶幸的是，昨晚多少睡得著，天氣也不熱，不過或許累極，或許兩年79天的街頭征戰，也讓我適應了環境，所以在少年倉的適應方面，縱使食物也是千篇一律的單調，步操體訓也從未經歷過，大家也無須太為我擔心。

監獄講求少年犯過有紀律的生活，朝七半晚十的生活也讓我在作息上來得有點不習慣，還記得我也很久沒試過那麼早起床，而自8月17日 (星期四) 晚被判入獄開始，每晚與每晚也從監獄的中央廣播，聽到港台即時新聞報道自己案件的最新動態，感覺還是很有趣，今天在監倉起床，便聽到監獄播放第一起新聞「能建智赴定康也來親表示，要同情衝擊政軍收押三人。對於同窗及常委聽感到鼓勵 (大概我的意思)，認為三人的努力會被歷史記住」想不到在大倉裡的清早，亦會被這個電台廣播叫醒我起床。

據我了解，監房裡除了可囚友訂閱報紙，還有所謂大倉行報的提供，即使我知為何會提供的緣報，但不失為可只得到東方星島，但從昨晚成功借閱的報紙，也感覺到大眾對我們的支持，還有國際媒體的鋪天蓋地的報導，也正好讓國際社會覺得，香港法治已近在旦夕，希望國際社會關心香港前途的朋友們，能夠藉著這個檔，認清當前的實況，一直香港仍是處於威權政體的狀況，所謂的法治記是不斷受到北京侵蝕，過去外國朋友都覺得我有法治但沒民主的地方，但似今香港已變成三權合作的城市，奉勸關心被判入獄的朋友，不需為我是移是贖海外，對比起我們在監倉失去自由，其實在監倉外的你們還要面對更嚴峻的形勢，直接在前線抗止這個城市失去僅餘的自由，可以嗎？記著 Things can't defeated us can make us stronger. 捱過大靜我們就可堅定起來。

回到獄中生活的問題上，由於我仍未落山 (完結七天的新人訓練)，所以仍有為數質的工作位置 (期數)，但仍在努力適應當中，負責飯堂打掃的工作位置，以及整天學習掃椅、摺氈和步操，距離獲釋只餘下三個多月，希望我能好好地過，總之無論如何也勉勵大家好好加油，往後我會盡量天天寫日記，鼓勵在監獄外的各位好好加油。

*Fac-símile da carta escrita à mão por Joshua na prisão de Pik Uk,
19 de agosto de 2017.*

Carta da Instituição Correcional de Pik Uk

獄中的信

DIA 2 — SEXTA FEIRA, 18 DE AGOSTO DE 2017.

Acompanho com atenção as notícias publicadas nos jornais diários e transmitidas pelo rádio coletivo. Gostaria de poder agradecer aos meus apoiadores por seus votos de felicidades.

A vida na prisão não é fácil. É exatamente por isso que eu quis escrever esta carta e muitas mais nos próximos meses. Quero dividir com vocês os pensamentos que fervilham em minha cabeça e informá-los de que estou pensando em todos vocês do outro lado dos muros desta prisão.

As últimas palavras que eu disse antes de ser retirado da sala de tribunal foi "povo de Hong Kong, continue!". Isso resume como me sinto a respeito de nossa luta política.

Em março de 2013, o professor Benny Tai anunciou sua campanha Occupy Central. Seu objetivo era exigir o sufrágio universal, paralisando nosso distrito financeiro; era a maneira mais eficaz de fazer o nosso governo escutar. O professor Tai nos alertou de que a prisão seria o passo final e inevitável de uma campanha de desobediência civil.

Desde que o Occupy Central — e o Movimento dos Guarda-Chuvas que o sucedeu — terminaram sem alcançar seu objetivo declarado, Hong Kong ingressou em um dos seus capítulos mais desafiadores. A sociedade civil se viu num impasse, sem saber se deveria prosseguir ou como. Os manifestantes que saem de um movimento fracassado ficam dominados pela

DEMOCRACIA AMEAÇADA

desilusão e impotência. Alguns decidiram abandonar totalmente a política, enquanto outros, como eu, acabaram na prisão.

A sentença do recurso destinada a mim e aos meus colegas líderes do Movimento dos Guarda-Chuvas, Nathan Law e Alex Chow, proferida pelo tribunal de apelação, foi mais um golpe devastador no moral dos ativistas pró-democracia. Assim como a condenação dos chamados "NNT Thirteen"; treze ativistas que confrontaram a polícia durante um protesto contra um projeto habitacional polêmico do governo dos Novos Territórios, no nordeste de Hong Kong, perto da fronteira chinesa.

Embora pareça que atingimos o fundo do poço, precisamos permanecer fiéis à nossa causa. É nosso dever. Aos meus amigos que decidiram se afastar da política, espero que eu estando aqui e escrevendo esta carta convença vocês a reconsiderarem sua decisão. Caso contrário, nossos sacrifícios — a perda da liberdade por parte de dezesseis de nós — terão sido em vão.

Quero contar tudo o que aconteceu comigo em Pik Uk desde o meu encarceramento há 36 horas. Fico contente em informar que, até agora, não sofri maus tratos por parte das autoridades penitenciárias. Espero que continue assim até o dia da minha saída deste lugar. Sendo um novo presidiário, sou obrigado a passar por um aprendizado com duração de dez dias. Minha rotina real na prisão só começará dentro de alguns dias e não tenho a mínima ideia do que estará reservado para mim e se conseguirei lidar com isso. As coisas parecem mais rigorosas do que eu esperava de uma prisão juvenil. Por exemplo, todos os prisioneiros devem aprender as instruções de ordem unida ao estilo militar e marchar todas as manhãs logo cedo. Isso me faz pensar se Nathan e Alex são obrigados a fazer o mesmo em sua prisão de adultos.

Para minha surpresa, as refeições não são tão ruins. São muito melhores do que aquelas que nos deram durante nossa detenção na delegacia. Dito isso, sinto muita falta do chá com leite preparado por minha mãe e do cozido de frango do restaurante que meus amigos e eu sempre frequentamos. Será o primeiro lugar que visitarei assim que sair daqui.

Há duas coisas que realmente vou ter que me esforçar muito para me acostumar aqui: a monotonia e a autoridade absoluta daqueles no comando. Preciso me assegurar de que nada disso embote meu pensamento crítico ou me impeça de desafiar as autoridades da maneira que sempre

ATO II ENCARCERAMENTO: CARTAS DE PIK UK

desafiei. Pretendo usar meu "tempo ocioso" para descobrir o caminho a seguir e encontrar melhores maneiras de trabalhar com o restante da sociedade civil, para tornar realidade a democracia plena. Sei que tenho que manter minha mente ocupada na prisão ou então a prisão ocupará a minha mente.

Amanhã de manhã, falarei com meu assistente social e solicitarei uma assinatura dos jornais liberais *Ming Pao* e *Apple Daily* — os dois únicos jornais de qualidade confiável que ainda restam em Hong Kong — para me manter informado do que está acontecendo no mundo exterior. Também solicitarei um rádio para ouvir os programas matutinos e noturnos com participação dos ouvintes. Sem essas coisas, o tempo se arrastará e a vida atrás das grades será ainda mais insuportável.

Dito isso, tudo o que estou passando não é nada em comparação ao cárcere privado de Liu Xiaobo na China continental ou a prisão ilegal do livreiro Lam Wing-kee.* Esses homens são uma inspiração e um lembrete de que preciso de toda a força interior que consigo reunir para passar os próximos seis meses. Enquanto eu puder continuar lendo e escrevendo, serei capaz de manter minha mente livre. Certa vez, o grande Mahatma Gandhi disse: "Vocês podem me acorrentar, vocês podem me torturar, vocês podem até destruir esse corpo, mas vocês nunca vão aprisionar a minha mente". Agora, as palavras de Gandhi assumiram um significado muito mais pessoal para mim.

No momento, minha maior preocupação é a situação do meu partido político. Desde que Nathan e eu cofundamos o Demosistō em abril de 2016, sofremos uma série de reveses significativos. Quatro semanas atrás, Nathan perdeu seu mandato obtido com muito esforço no Conselho Legislativo (LegCo) depois que ele e cinco outros membros foram destituídos sob a alegação de que não tinham proferido corretamente seus juramentos durante a cerimônia de posse. O chamado "Oathgate" foi um estratagema

---

* Liu Xiaobo, ativista chinês dos direitos humanos e vencedor do Prêmio Nobel da Paz de 2010, foi condenado a onze anos de prisão por coautoria de um manifesto pedindo o pluralismo político na China. Em 2017, enquanto estava preso, morreu de câncer de fígado. Lam Wing-kee foi um dos cinco livreiros da Causeway Bay Books sequestrado pelas autoridades chinesas por publicar revelações sobre a liderança comunista (ver Ato I, Capítulo 4, *De manifestantes a políticos*).

da elite dirigente para destituir os deputados pró-democracia do Poder Legislativo e redefinir o equilíbrio de poder na política local.

A destituição de Nathan causou um duro golpe no Demosistō. Não só nos custou nossa única cadeira no LegCo, mas a perda do salário de deputado de Nathan também significa que nosso partido perdeu sua única fonte de renda estável. Deram-nos uma semana para empacotar nossas coisas e desocupar o prédio do LegCo. Nathan e sua equipe — todos membros do Demosistō — ficaram desempregados imediatamente.

Então, na mesma semana, três membros principais do partido, incluindo eu, Nathan e Ivan Lam, fomos presos. Nathan e eu fomos sentenciados a seis meses de prisão pela invasão da Praça Cívica dois dias antes da eclosão do Movimento dos Guarda-Chuvas, e Ivan foi um dos NNT Thirteen. Enquanto isso, Derek Lam, outro membro do núcleo, irá a julgamento esta semana por seu papel em outro protesto fora do Hong Kong Liaison Office — na prática, a embaixada chinesa em Hong Kong e o cérebro por trás de diversas políticas controversas apresentadas por nosso governo.

Nesse momento, quase todos os membros do Demosistō estão desempregados e precisam encontrar maneiras de manter o partido à tona, enquanto metade do nosso comitê executivo está atrás das grades ou ficará nas próximas semanas. Às vezes, brinco que em breve haverá um número suficiente de nós na prisão para alcançar quórum para uma reunião do comitê.

Em Hong Kong, não consigo pensar em outro partido político que tenha passado por tantos altos e baixos como o Demosistō passou nos últimos quinze meses. Deve ser desanimador e desorientador para os membros do partido, principalmente jovens universitários que se juntaram a nós recentemente. Contudo, por mais que lamentemos tudo o que passamos, acredito que nossas provações e tribulações são exatamente o que precisamos para crescer e ter sucesso. Como se costuma dizer, "apenas através do fogo uma espada forte é forjada". De fato, todos os obstáculos que enfrentamos nos deixaram mais fortes e mais preparados para desafios ainda maiores à frente. Afinal, se conseguimos superar a campanha contra o programa de Educação Nacional e o Movimento dos Guarda-Chuvas, podemos sobreviver a qualquer coisa.

E minha mensagem ao campo pró-Pequim? Não comemore tão cedo. O Demosistō utilizará tudo o que tem à disposição para recuperar a cadeira de Nathan nas próximas eleições suplementares. O que nos falta em recursos financeiros, mais do que compensamos em determinação. Os eleitores de Hong Kong não são tolos. Eles percebem os truques do grupo pró-Pequim e vão enviar um de nós de volta ao LegCo.

Terminarei compartilhando com vocês meu estado de espírito durante a audiência de sentença de ontem. Ao ingressar no tribunal superior, fiquei comovido e sem palavras com a presença de centenas de apoiadores que apareceram para nos encorajar. Na sala de tribunal, havia uma reunião de amigos com ideias afins, que ficaram ao nosso lado a cada passo de nossas batalhas legais.

Quando os juízes proferiram nossas sentenças, alguns desses amigos caíram em prantos, enquanto outros começaram a entoar slogans. A pessoas bateram palmas e bateram os pés. O barulho ficou tão alto que o juiz bateu seu martelo e ordenou silêncio no tribunal. Então, eu soube que não estava só nessa jornada e nunca estaria.

Comecei minha jornada em 2012 ao liderar a campanha contra o currículo do programa de Educação Nacional. Faz cinco anos. Cinco anos agitados. Não derramei uma única lágrima quando o juiz anunciou minha sentença, não porque eu fosse corajoso, mas porque quis que meus apoiadores aceitassem minha perda de liberdade como um passo necessário em nossa trajetória coletiva para a democracia. Citando J. K. Rowling: "O que está por vir virá e vamos fazer frente a isso quando acontecer".

Hong Kong está em uma encruzilhada. O regime dominante fará tudo para silenciar a dissidência. Perseguiu implacavelmente e continuará a perseguir quem considera uma ameaça à sua permanência no poder. Para aqueles que ousam enfrentá-lo, a única saída possível é caminhar juntos. E hoje à noite, sozinho em minha cela, peço que vocês mantenham a cabeça erguida e usem suas lágrimas, raiva e frustração como motivação para seguir em frente.

Povo de Hong Kong, continue!

A situação do lado de fora é mais terrível do que a do lado de dentro

監倉外的形勢比監倉內更嚴峻

DIA 3 — SÁBADO, 19 DE AGOSTO DE 2017.

Fui colocado em uma cela para duas pessoas. Meu companheiro de cela parece bastante amistoso, embora não tivéssemos a oportunidade de falar muito um com o outro antes que as luzes se apagassem ontem à noite.

As condições em uma cela de prisão juvenil não são tão ruins quanto eu pensava. Embora o verão esteja no auge, a circulação de ar é aceitável e o calor é tolerável. Até agora, talvez a principal fonte de desconforto seja a cama. De fato, chamá-la de cama é um exagero. Não passa de uma prancha de madeira sem colchão. Mas, por outro lado, se consegui passar 79 noites dormindo sobre o asfalto de uma autopista durante o Movimento dos Guarda-Chuvas, tenho certeza de que também consigo me acostumar com isso.

Prisão tem tudo a ver com disciplina e seguir ordens. Todas as manhãs, temos que levantar às seis horas em ponto, e todas as noites, as luzes se apagam às dez horas. Mesmo quando eu estava fazendo campanha para Nathan em sua candidatura de 2016 para o LegCo, não tinha que me levantar tão cedo. Acho que não sou uma pessoa madrugadora.

Duas vezes por dia, as notícias são transmitidas pelo sistema de alto-falantes. Esta manhã, fui acordado por uma reportagem sobre Chris Patten, o último governador britânico de Hong Kong. "Em uma aparição pública", disse o apresentador de notícias, "o sr. Patten declarou aos

ATO II ENCARCERAMENTO: CARTAS DE PIK UK

repórteres que se sentia encorajado com os sacríficos feitos por Joshua Wong, Alex Chow e Nathan Law, e que ele acreditava que esses três nomes ficarão gravados na história..." Pareceu surreal ouvir meu nome mencionado dessa maneira na frente dos outros detentos. Finalmente, a realidade de que sou um criminoso condenado entrou na minha cabeça.

Tanto quanto entendo, os presos têm permissão para assinar seus próprios jornais. Fora isso, existem os chamados "jornais coletivos", que podemos pegar emprestados e ler de graça. Para meu desalento (embora não devesse me surpreender), a maioria deles são porta-vozes pró-Pequim, como *Wen Wei Po, Ta Kung Pao* e *Sing Tao Daily*.

Felizmente, consegui pegar emprestado um exemplar do *Apple Daily* de outro preso. Foi assim que tomei conhecimento da onda de apoio público para o "Trio do Movimento dos Guarda-Chuvas" — eu, Alex e Nathan — e da profusa cobertura de nossa prisão pela imprensa estrangeira.

Espero que o que aconteceu conosco envie uma mensagem clara para a comunidade internacional: em Hong Kong, o Estado de Direito está ruindo e se transformando aos poucos em um "Estado *pelo* Direito". O cumprimento estrito da lei agora fala mais alto que a liberdade individual e os apelos pacíficos pela democracia. A perseguição implacável de nosso governo contra os ativistas políticos por meio do sistema de justiça criminal não só viola a liberdade de expressão, mas também torna indistintas as linhas que separam os três poderes de governo — Executivo, Legislativo e Judiciário — e, em última análise, erode nossa confiança no Poder Judiciário independente da cidade.

Sob vários aspectos, a situação do lado de fora dos muros dessa prisão é muito mais terrível do que do lado de dentro. Conto com todos que amam e se importam com Hong Kong, vivam aqui ou no exterior, para continuar a luta em minha ausência. Dizem que aquilo que não nos mata, nos fortalece. Assim que superarmos esse *round* do processo político, vamos nos recompor e ficar mais unidos do que nunca.

Assim que meu aprendizado terminar, serei designado para um grupo de trabalho de presos. Até lá, realizarei tarefas simples, como varrer o chão do refeitório, dobrar roupas e engraxar sapatos. Nos próximos meses, escreverei frequentemente. Cuidarei de mim e manterei meus amigos e minha família nos pensamentos.

À procura de respostas na prisão juvenil

在少年監獄尋找答案

DIA 4 — DOMINGO, 20 DE AGOSTO DE 2017.

A vida na prisão segue um cronograma rígido. Domingo é nosso "dia de folga", quando os presos passam o dia todo juntos no refeitório, entre sete da manhã e sete da noite.

"Passar o dia juntos" seria torturante se não fosse pela tevê. Para a maioria dos presos, um dos destaques do domingo é assistir à tarde às reprises de novelas na TVB (Television Broadcasts Limited, a única rede de tevê aberta em Hong Kong). Não importa que a TVB seja muito impopular por causa de seu quase monopólio e seu viés pró-Pequim e pró-governo em tudo o que transmite, desde reportagens até a seleção de programas. Na prisão, acho que algum entretenimento é melhor do que nenhum entretenimento.

Fiquei contente de ver Lester Shum, colega e líder estudantil do Movimento dos Guarda-Chuvas, aparecer ao vivo no *On the Record*, programa de atualidades da TVB, falando sobre prisão política. Também houve cobertura jornalística de outro protesto em massa realizado no domingo à tarde em apoio ao Trio do Movimento dos Guarda-Chuvas. Além de assistir à televisão, passei o tempo lendo da primeira à última página do meu exemplar emprestado do *Apple Daily* de ontem.

Além da cama sem colchão, a coisa mais dura (fazendo trocadilho) a qual temos que nos acostumar aqui é o fato de nos sentirmos isolados do mundo exterior. Uma coisa é não ter acesso a redes sociais como Facebook e Twitter, mas outra muito diferente é não poder conversar com os amigos. Então, aproveito cada oportunidade para sentir uma ligação com o mundo exterior, seja pela televisão, pelo rádio ou pelos jornais.

A coisa mais excitante que aconteceu hoje foi quando vi Ivan Lam mencionado no noticiário noturno. O apresentador leu trechos de uma carta que Ivan havia escrito de sua cela de prisão. Embora tivéssemos sido colocados em prisões diferentes (os Serviços Correcionais sempre separam os prisioneiros que se conhecem para evitar ações organizadas na prisão), ouvir as palavras de Ivan me fez sentir instantaneamente como se ele estivesse sentado aqui ao meu lado.

Nos últimos dias, fiz alguns amigos em Pik Uk. Hoje conversei com Mak Tze-hei, jovem colega prisioneiro de consciência. Em março de 2017, quando tinha 20 anos, Tze-hei foi declarado culpado por seu papel nos distúrbios do Ano-Novo Chinês em Mongkok, em 2016,* e condenado a dois anos de prisão. O que percebi prontamente foi que, embora nossas posições políticas sejam diferentes (ele é um ativista pró-independência e eu não sou), ainda podemos ter uma troca de ideias livre e significativa. Afinal, nós dois acabamos atrás das grades por nossas crenças políticas. Acima de tudo, compartilhamos o mesmo amor por nossa cidade.

O encontro com Tze-hei me fez lembrar dos muitos ativistas esquecidos que não receberam nem a fama nem o apoio público que eu, Nathan e Alex desfrutamos e às vezes admitimos como natural. Não ser um nome conhecido torna muito difícil para aqueles ativistas conseguir recursos financeiros para receber a melhor representação legal. Precisamos chamar a atenção para o fato de que existem diversos heróis anônimos, desde aqueles que participaram dos distúrbios de Mongkok até aqueles do NNT Thirteen, que estão lutando em silêncio.

---

* Apelidada de "Revolução dos Bolinhos de Peixe" pela imprensa local, na véspera do Ano-Novo Chinês, em fevereiro de 2016, centenas de manifestantes, a maioria deles localistas que defendiam a independência de Hong Kong, entraram em conflito com a tropa de choque depois que o governo reprimiu os vendedores sem licença de comidas populares em Mongkok (muitos dos quais vendiam bolinhos de peixe). Um grande número de manifestantes foi acusado de tumultos.

Por falar em ativistas esquecidos, hoje também encontrei vários manifestantes que participaram do Movimento dos Guarda-Chuvas e das manifestações contra o programa de Educação Nacional. Ainda não tive a chance de descobrir como eles acabaram na prisão, mas reconheci seus rostos dos protestos ao longo dos anos.

A maioria dos detentos — cerca de 70 por cento pela minha estimativa — são condenados por acusações relacionadas ao tráfico e ao consumo de drogas. A sociedade os rotula como criminosos e *fai ching* (literalmente, "jovens inúteis", em cantonês). Poucos se dão conta que esses jovens são apenas sintomas, e não a causa, do que deu errado com a nossa educação e os nossos sistemas sociais. Ninguém nasce criminoso.

Geralmente, considero meus companheiros de prisão autênticos e cordiais. E há muito que posso aprender com eles. Daqui a oito semanas, farei 21 anos e serei transferido para uma prisão de adultos em outra região da cidade. Até lá, farei um esforço consciente para conhecê-los e ouvir suas histórias.

Tudo isso põe em foco a hipocrisia de nossas elites governantes. Os líderes políticos, como a chefe-executiva Carrie Lam e o secretário-chefe Matthew Cheung, estão sempre falando sobre quanto esforço investiram em "engajar os jovens" de Hong Kong. São as mesmas pessoas que destituíram Nathan e outros jovens deputados do LegCo, invalidando os votos de dezenas de milhares de eleitores jovens. Seguiram em frente e processaram jovens manifestantes e os mandaram para a prisão. Nem uma única vez um funcionário do governo se sentou com os ativistas e tentou negociar uma saída do impasse político.

Hoje mais cedo, um jovem preso me disse que havia encontrado Nathan na visita dele como deputado à prisão. Em Hong Kong, os membros do LegCo e os juízes de paz (JPs) — título honorífico concedido pelo governo aos líderes comunitários — estão entre os poucos privilegiados que podem visitar qualquer preso quando quiserem. Antes do "Oathgate" cassar seu mandato, Nathan exerceu o direito e visitou várias prisões, incluindo Pik Uk. A ironia de que o próprio Nathan está agora atrás das grades não escapou de nenhum de nós.

Alegações finais em minha audiência de desacato à autoridade do tribunal

旺角清場被捕結案陳詞

DIA 8 — QUINTA-FEIRA, 24 DE AGOSTO DE 2017.

Hoje de manhã, deixei Pik Uk para acompanhar a última audiência do processo judicial de desacato à autoridade do tribunal. Foi bom ter uma folga da monotonia diária da vida na prisão e ver alguns rostos familiares, mesmo que fosse na sala de tribunal.

Eu era um dos vinte ativistas acusados de desacato após violarmos uma ordem judicial para evitar a zona de protesto em Mongkok nos últimos dias do Movimento dos Guarda-Chuvas. Meus advogados me aconselharam a me declarar culpado para atenuar minha sentença: de três a seis meses de prisão parecia ser o consenso entre eles.

Com boa conduta, a sentença de seis meses que estou cumprindo atualmente por invasão da Praça Cívica seria reduzida em um terço, ou seja, para quatro meses, o que significa que eu poderia ser libertado já em 17 de dezembro, não fosse o processo judicial de desacato. No entanto, o juiz-presidente provavelmente combinará as duas sentenças e me manterá detido por mais alguns meses. Com certeza, permanecerei na prisão até o final de primavera do próximo ano. Estou me preparando mentalmente para a possibilidade de passar o Natal e o Ano-Novo Chinês atrás das grades.

Não demoro em me lembrar de que outros ativistas receberam sentenças muito mais duras do que a minha. Originalmente, os NNT Thirteen

DEMOCRACIA AMEAÇADA

foram condenados a prestar serviços comunitários por invadir uma reunião de comissão do LegCo em junho de 2014 antes de serem sentenciados a penas de oito a treze meses de prisão após o Departamento de Justiça apelar por punições mais severas. Entre eles, incluíam-se Ivan e o companheiro ativista Raphael Wong. Raphael é vice-presidente de um partido pró-democracia chamado Liga dos Sociais-Democratas (LSD). As sentenças duras que eles receberam estabeleceram um precedente perigoso para futuros julgamentos de manifestantes antigovernamentais, que, por sua vez, terão um efeito inibidor em nossa liberdade de reunião em Hong Kong.

Hoje, eu vi Raphael na sala de tribunal. Ele estava envolvido no mesmo processo judicial de desacato. Após a audiência, discutimos brevemente nossas estratégias de apelação como os nossos advogados, caso o tribunal decidisse contra nós. Raphael estava de bom humor como sempre, apesar da tripla ameaça que enfrenta: o julgamento do desacato em Mongkok, a sentença de treze meses de prisão proferida contra os NNT Thirteen e, acima de tudo, as acusações de perturbação da ordem pública por seu papel de liderança no Movimento dos Guarda-Chuvas.

Tudo me faz sentir um pouco constrangido acerca da enorme atenção midiática que Alex, Nathan e eu recebemos na semana passada. Os jornais locais publicaram minha foto em suas primeiras páginas no dia seguinte ao meu envio à prisão. A realidade é que inúmeros outros ativistas estão sendo julgados ou estão prestes a ser julgados em Hong Kong por seu trabalho de ativismo. Muitos deles enfrentam penas de prisão muito mais severas do que nós.

Por falar em jornais, não posso deixar de enfatizar como é difícil a vida sem acesso às notícias dos acontecimentos atuais. Ainda estou tentando pôr as mãos nas edições de ontem e de hoje do *Ming Pao* e do *Apple Daily*, o que significa que estou pelo menos dois dias atrasado em relação às notícias. Isso continuará sendo uma luta diária até que comece a vigorar a minha assinatura na prisão. Nunca pensei que pudesse desejar ler tanto os jornais: a simples alegria de trazê-los para minha cela e devorar a seção de política local e todas as colunas de opinião!

Costumava usar constantemente meu smartphone, disparando mensagens de texto para amigos, enviando comentários para a imprensa e cuidando das questões pequenas e grandes do partido. Ficar sem celular é como ter os membros amputados ou uma coceira que não consigo coçar. Acho que preciso aprender a relaxar e melhorar na delegação de responsabilidades do partido aos meus colegas. Talvez eu até aprenda a aproveitar o tempo ocioso; parece improvável, mas pelo menos vou tentar.

Fui levado de volta para Pik Uk em um furgão com gaiola para transporte de presos logo depois do almoço. Disseram-me que todo detento é obrigado a fazer um exame de urina sempre que sai do estabelecimento prisional. Até que o exame de urina seja liberado, somos colocados em uma ala separada dos outros presos. Chamam isso de "quarentena".

Minha próxima saída de Pik Uk será para a leitura da sentença do meu processo judicial de desacato em setembro, e talvez novamente em outubro, se eu recorrer da sentença. Enquanto isso, aguardo ansiosamente o recebimento das cartas dos entes queridos e minha primeira visita de amigos e familiares neste sábado. A expectativa manterá meu moral elevado por alguns dias.

Visita de um deputado

議員探訪

DIA 9 — SEXTA-FEIRA, 25 DE AGOSTO DE 2017.

Shiu Ka-chun, membro do LegCo, veio me ver hoje de manhã.

Apelidado de "Garrafa",* Shiu é um assistente social veterano. Em 2016, foi eleito para o LegCo, na mesma eleição em que Nathan conquistou seu mandato, embora os dois representassem distritos eleitorais diferentes. Garrafa não tomou parte do Oathgate e manteve seu mandato no Conselho.

Garrafa pode aparecer para uma visita a hora que quiser, por causa do privilégio especial desfrutado por deputados e juízes de paz. Durante a visita de uma hora, Garrafa discutiu seu iminente julgamento por perturbação da ordem pública, referente ao seu papel de liderança no Movimento dos Guarda-Chuvas, inquiriu-me sobre diversas reuniões dentro do campo pan-democrático e passou pela estratégia dos pan-democratas para as eleições suplementares, nas quais esperavam preencher a meia dúzia de cadeiras deixadas vazias após o Oathgate.

Entre os deputados pan-democratas, Garrafa foi aquele que mais prestou atenção ao problema da delinquência juvenil. Ele é conhecido por visitar com regularidade prisões juvenis como Pik Uk. Como esperado, Garrafa me perguntou como eu estava lidando com o fato de ficar atrás das

---

* Seu nome "Chun" e a palavra para "garrafa" soam iguais em cantonês.

grades e se eu havia sofrido algum abuso por parte do pessoal da prisão. Eu não tinha nada de negativo a denunciar, porque, na realidade, tinha sido muito bem tratado. Os outros presos foram amistosos comigo e as atitudes dos guardas foram decentes em geral. "Se eu sentisse uma pitada de hostilidade, pode apostar que estaria registrado em meu diário!", brinquei com Garrafa. Brincadeira à parte, sei, no fundo da minha mente, que todos temos que agradecer a Garrafa. Se não fossem seus esforços incansáveis ao longo dos anos para melhorar as condições carcerárias e despertar a conscientização sobre o abuso de prisioneiros, as coisas poderiam estar muito piores em Pik Uk.

Conheci Garrafa seis anos atrás, quando eu era um aluno da escola secundária, aos 14 anos, e ele era um assistente social e apresentador de rádio. Posteriormente, ele promoveu alguns dos meus comícios contra o programa de Educação Nacional. No documentário da Netflix produzido a meu respeito, *Joshua: Adolescente vs. Superpotência*, há uma cena em que apareço no programa de rádio ao vivo de Garrafa e ele me pergunta se tenho namorada. "Minha mãe me disse que é muito cedo para eu namorar", respondo, e todos no estúdio caem na gargalhada. Foi um momento de descontração. Nenhum de nós teria imaginado na época que cinco anos depois estaríamos conversando um com o outro em lados diferentes de uma divisória de vidro.

Após a partida de Garrafa, tive algum tempo para matar. Devido à minha quarentena, não tinha permissão para ficar com os outros presos no refeitório e, assim, voltei à minha cela para uma soneca vespertina naquela cama infernal sem colchão. Não me lembro da última vez que tirei uma soneca vespertina. Assim que meu exame de urina foi liberado, disseram-me para me juntar aos demais detentos nas áreas comuns. No caminho para o pátio principal, fui interceptado por dois funcionários à paisana que disseram que queriam que eu participasse de uma pesquisa sobre os presos.

A maioria das perguntas da pesquisa era bastante banal:

Você foi condenado por qual crime?
Você usa drogas?
Você é associado às Tríades (grupos do crime organizado)?

Então, as perguntas ficavam mais pessoais:

Você está confiante de que pode encontrar trabalho após sua soltura?
Você se considera empregável?
Sua família é importante para você?
Você tem amigos em que pode confiar?
Você está no controle de seus humores e emoções?
Você tem tendências violentas?

Eu sabia que, com base nas respostas sim/não a essas perguntas, seria designado para diversos cursos e seminários de reabilitação. Tentei não ser cético em relação à metodologia, porque sei que nenhum sistema é perfeito, e tenho certeza de que os presos se beneficiam de parte do currículo. Só não consigo deixar de me perguntar se a abordagem não é um tanto algorítmica. Também não vejo como podem supor que uma pesquisa estandardizada os ajude a descobrir como reeducar prisioneiros de todos os tipos. A pesquisa é particularmente irrelevante para prisioneiros de consciência como eu, que não acreditam que fizeram algo errado, e muito menos desejam se arrepender.

Faz um tempo desde que apertei a mão de alguém

久違了的握手

DIA 10 — SÁBADO, 26 DE AGOSTO DE 2017.

O tempo passa arrastado na prisão, mas os dias também podem escapar por entre os dedos sem você perceber.

Cheguei a Pik Uk há dez dias, o que significa que meu aprendizado está prestes a terminar. Na próxima segunda-feira, vou me juntar oficialmente aos outros "graduados" na rotina do grupo, incluindo aquelas terríveis marchas matinais. Também serei obrigado a dominar a intrincada arte de dobrar cobertores. A tarefa parece simples, mas é complicada para mim. Durante o aprendizado, mal cumpri os padrões dos guardas, mesmo com a ajuda do meu companheiro de cela. A partir de segunda-feira, terei de fazer isso sozinho e não quero receber uma bronca dos guardas sobre o quanto sou desajeitado e inútil.

A partir da próxima semana, meu dia será dividido em duas partes: aulas pela manhã e trabalho à tarde. Há quatro tipos de classes, dependendo do nível de escolaridade do detento:

Classe 1 — Quinto ano do secundário (11º ano)

Classe 2 — Terceiro ano do secundário (9º ano)

Classe 3 — Segundo ano do secundário (8º ano)

Classe 4 — Primeiro ano do secundário (7º ano)

Estou rezando a Deus para que os funcionários saibam que sou estudante universitário do segundo ano e me designem para a Classe 1. Ontem, ouvi dizer que poderiam me colocar na Classe 2 por algum motivo e entrei em pânico. Não consigo imaginar como seria penoso assistir a um monte de aulas do 9º ano manhã após manhã!

Hoje, um dos meus advogados, Bond Ng, veio me visitar. Conversamos sobre as acusações pendentes apresentadas contra pelo menos quatro membros principais do Demosistō — eu (desacato à autoridade do tribunal), Nathan (reunião ilegal), Ivan (reunião ilegal) e Derek (perturbação da ordem pública). Nosso calendário agora está cheio de julgamentos, audiências de fixação de fianças, determinação de penas, recursos e ainda mais recursos. O ciclo aparentemente interminável do sistema de justiça criminal me mantém acordado à noite e ocupa minha mente em todas as refeições. É surreal que jovens como nós precisem se preocupar em ser repetidamente enviados para a prisão e, no entanto, essa é a realidade que enfrentamos.

Bond e eu também falamos do recente tufão de que li no jornal. Ele me disse que os ventos foram tão fortes que tijolos foram vistos voando pelo ar. Uma das áreas afetadas foi a orla ao longo de South Horizons, onde moro com meus pais. Realmente sinto falta do meu bairro e das pessoas de lá.

Embora Pik Uk seja uma prisão relativamente civilizada, não é um lugar feliz. Ao longo do dia, há muitos gritos; na maioria das vezes, guardas berram ordens para os presos ou os repreendem por uma coisa ou outra. Assim, quando Bond apertou minha mão na saída, pareceu algo estranhamente despropositado. Desde que cheguei aqui, não apertei a mão de ninguém.

Não sou tratado como igual pelas autoridades da prisão. Como prisioneiro, atuo sob total subordinação. Devo cumprir todas as ordens sem questionar e me dirigir a todos os funcionários com o honorífico "senhor". Por exemplo, se um guarda me para porque quer falar comigo, devo colocar todos os pertences pessoais que estou carregando — escova de dentes, toalha de rosto, livros etc. — no chão antes de responder às suas perguntas e sem fazer contato visual direto.

ATO II ENCARCERAMENTO: CARTAS DE PIK UK

Há alguns dias, li uma notícia sobre Paul Shieh, respeitado advogado e ex-presidente da Ordem dos Advogados de Hong Kong, que causou alvoroço após fazer comentários em um conhecido programa de rádio sobre os recentes problemas legais enfrentados por ativistas políticos. Shieh declarou que o professor Benny Tai e seus colegas líderes do Occupy Central mereceram ir para a prisão, afirmando que "receberam o que pediram" quando organizaram um movimento de desobediência civil. Tanto Garrafa quanto Bond me perguntaram o que achei do comentário polêmico. Disse a eles que a mentalidade de Shieh e de todas as outras chamadas "elites sociais" de Hong Kong é o que divide a nossa sociedade. Chame de nepotismo ou plutocracia, o sistema sempre favorece os extratos superiores e deixa os sem poder de mãos abanando. Tal como acontece aqui em Pik Uk.

O jornal mais cobiçado aqui é o *Oriental Daily News*. É pró-Pequim, mas possui uma página central diária que é bastante apreciada pelos homens. Enquanto isso, as únicas notícias transmitidas na televisão coletiva são da TVB, que não é o canal a que eu assistiria normalmente. Agora compreendo o que é ficar exposto a fontes tendenciosas de notícias sem sequer perceber. E se ninguém percebe, a carneirada ruma ao precipício sem saber que existe outro caminho. Felizmente para mim, como todos vão direto para o *Oriental Daily*, ninguém nunca toca no exemplar compartilhado do *Ming Pao*, e todas as manhãs Ah Sun, meu atencioso companheiro de cela, traz o jornal sem que eu sequer peça.

Por falar em tendenciosidade, um supervisor da prisão se aproximou de mim esta tarde para uma conversa sobre os noticiários recentes. Ele começou declarando-se "independente", e que não era nem "fita amarela" (apoiador do Movimento dos Guarda-Chuvas), nem "fita azul" (apoiador do governo e da polícia). Perguntou-me se eu tinha algum arrependimento por entrar na política e acabar atrás das grades, antes de começar um monólogo de trinta minutos, oferecendo suas opiniões a respeito da minha condenação e do recurso do governo contra a minha sentença. Seu argumento — se havia algum — era semelhante ao de Paul Shieh sobre o professor Tai: todos nós recebemos o que pedimos.

Não o contestei, sobretudo por autopreservação, mas também porque sabia que nada que eu dissesse mudaria sua opinião. Assim, apenas sorri e me afastei

83

Um plano de resistência de seis pontos

抵抗威權的六件事

DIA 11 — DOMINGO, 27 DE AGOSTO DE 2017 (PARTE 1).

O alerta de tufão subiu para categoria 8. Todas as atividades ao ar livre foram canceladas.

Meu companheiro de cela e eu estamos confinados em nossa cela dupla de 6,5 metros quadrados, o que me dá tempo de sobra para escrever um registro mais longo no diário. Sou disléxico — daí os muitos erros de digitação e o uso incorreto de caracteres — e minha caligrafia é quase ilegível. Devo pedir desculpas antecipadamente à pobre alma que está transcrevendo meu manuscrito.

Aconteceu muita coisa na semana passada. Pelo que li no jornal, os ativistas do domingo passado realizaram uma grande manifestação de rua — a maior desde o Movimento dos Guarda-Chuvas — em apoio a mim, Alex e Nathan. Em grande medida, o enorme comparecimento se deveu ao fato de que, até recentemente, Hong Kong nunca teve prisioneiros políticos. Esse novo fenômeno abalou muitas pessoas, principalmente pais que se preocupam que seus filhos também sejam presos se participarem da política.

Também nessa semana, a agência de notícias Reuters publicou uma matéria, sugerindo que o secretário de Justiça Rimsky Yuen havia rejeitado uma decisão interna de não recorrer das sentenças de diversos ativistas condenados, incluindo o meu caso. Enquanto isso, o tribunal de última instância recusou-se a tomar conhecimento do recurso interposto por dois dos seis deputados destituídos pelo Oathgate. E, para completar, o comentário insensível de Paul Shieh sobre o professor Tai ter recebido o que mereceu.

Gradualmente, Hong Kong está se tornando uma autocracia. Neste momento crítico, os ativistas pró-democracia devem reavaliar a situação e criar um plano de resistência mais eficaz daqui para a frente. Aqui estão seis ideias de como podemos fazer isso.

1. APONTAR O PROBLEMA ÓBVIO DO TRIBUNAL

Sob os princípios do *common law*, os juízes são obrigados por precedentes a assegurar consistência e imparcialidade. No caso da reunião ilegal, que é um crime sob a Portaria da Ordem Pública, a sentença mais dura que o tribunal proferiu desde a transferência da soberania é de seis meses (dada a manifestantes contrários ao orçamento do governo, que ocuparam uma rua do distrito financeiro e entraram em confronto com a polícia). No entanto, os NNT Thirteen estão cumprindo sentenças que variam de oito a treze meses. Da mesma maneira, Nathan, Alex e eu recebemos penas de seis a oito meses de prisão por nossos papéis na invasão da Praça Cívica.

Em julgamentos recentes, os juízes enfatizaram a necessidade de aplicar sentenças pesadas como mecanismo de "dissuadir" uma "tendência doentia" de agitação civil. Para mim, parece que os juízes estão injetando cada vez mais ideologia em suas decisões judiciais, pois parecem estar cada vez mais dispostos a usar a tribuna para expressar suas próprias opiniões políticas. Embora os juízes sejam rápidos em declarar neutralidade política, o fato de caracterizarem o ativismo juvenil como um fenômeno "doentio" e que deve ser contido é uma evidência ampla de que alguns juízes são tudo menos neutros.

Mesmo a Portaria de Ordem Pública em si é bastante problemática. A lei foi aprovada apressadamente pelo LegCo provisório, em Shenzhen, na China, durante o período de transição após a transferência da soberania. O processo legislativo foi desleixado, obscuro e não envolveu consulta pública. Lamentavelmente, os juízes estão agora aplicando e interpretando a portaria como se fosse uma lei robusta e irrefutável como qualquer outra.

DEMOCRACIA AMEAÇADA

Eles não levam em consideração a origem problemática da portaria e a falta de legitimidade.

"Reunião ilegal" não é o único crime da Portaria de Ordem Pública que o governo utilizou para acusar os manifestantes. "Tumulto" é outra carta frequente usada pela portaria e envolve sentenças muito mais duras. Exemplo: dezenas de manifestantes dos distúrbios civis do Ano-Novo Chinês em Mongkok, em 2016, foram acusados de tumultos. Muitos deles, incluindo Edward Leung, fundador do Hong Kong Indigenous,* receberam sentenças de seis anos de prisão.

Além dos juízes demasiado zelosos e das leis ruins, os ativistas precisam lutar contra o Departamento de Justiça, que possui recursos praticamente ilimitados — ainda por cima, financiados pelos pagadores de impostos — para processar seletivamente indivíduos considerados há muito tempo pedras no sapato do governo. O Departamento de Justiça recorre das decisões e das sentenças que não são do seu agrado e não param de recorrer até que obtenha o resultado desejado. Em contraste, poucos réus dispõem dos recursos financeiros para combater o governo no processo recursal e muitos minimizam os prejuízos e desistem.

As elites empresariais locais sempre se apressam em defender o Estado de Direito declinante da cidade. Apoiam o nosso Poder Judiciário independente, considerando-o a "base da prosperidade de Hong Kong" e fecham os olhos para a realidade de que o sistema de justiça criminal é cada vez mais utilizado como ferramenta política para silenciar a dissidência. Fazem vista grossa quando um ativista após o outro é enviado para a prisão, enquanto os juízes proferem sentenças que são cada uma mais longas do que a anterior.

Para continuar nossa luta pela democracia plena, os honcongueses devem despertar para o fato de que nem nosso Estado de Direito nem nosso Poder Judiciário independente são adequados para salvaguardar nossos direitos fundamentais. O primeiro passo para enfrentar qualquer

---

* Grupo localista fundado em 2015. Mais radical que o Demosistō, o Hong Kong Indigenous defende uma abordagem militante de desobediência civil. Seus objetivos políticos incluem a total secessão da China continental.

problema é admitir que ele existe: nosso governo transformou o tribunal em um campo de batalha desigual.

2. UNIR A OPOSIÇÃO

Só porque lutamos pela mesma causa não significa que sempre estamos de acordo. De fato, muitos dentro do campo pan-democrático têm dúvidas quanto à abordagem adotada pelos grupos mais radicais, como o NNT Thirteen, que invadiu uma reunião de comissão do LegCo e entrou em confronto violento com a polícia.

Da mesma maneira, os grupos localistas estão cansados de passeatas em massa e slogans. Eles culpam os moderados pela falta de progresso, apesar de décadas de campanhas não violentas. O resultado são bate-bocas constantes e acusações dentro da oposição, beneficiando as autoridades e permitindo que elas nos dividam e nos vençam.

Não obstante as diferenças de tática, somos todos motivados pelas mesmas demandas pró-democracia. Dezenas de ativistas em todo o espectro político acabaram na prisão, e muitos mais acabarão nos próximos meses. Devemos honrá-los, deixando de lado nossas diferenças e retomando de onde elas pararam.

Uma das melhores maneiras de demonstrar que todos nós podemos trabalhar juntos é criar um fundo e solicitar doações para prestar assistência legal ao acusado, independentemente de sua ideologia, e propiciar aconselhamento e outras formas de apoio às famílias afetadas.

3. DEFENDER NOSSA POSIÇÃO NO LEGCO

Enquanto continuamos a levar nossa luta às ruas, também devemos nos fazer ouvir no plenário legislativo. O primeiro passo para defender nossa posição no LegCo é preencher os cargos deixados vagos pelos seis deputados de oposição destituídos.

Neste momento, parece cada vez mais provável que os candidatos localistas (como aqueles do Hong Kong Indigenous) e candidatos que defendem a autodeterminação (como aqueles do Demosistō) sejam impedidos de concorrer nas eleições suplementares. No início deste ano, Edward Leung teve negado seu direito de concorrer, apesar de ter assinado uma promessa de lealdade à Lei Básica.

Mesmo assim, desistir não é uma opção. Seguindo o exemplo dos movimentos pró-democracia de Taiwan e Cingapura, sabemos que desistir completamente do Poder Legislativo só vai piorar as coisas, inclusive permitindo que o governo aprove leis nocivas impunemente. Não importa o quão desiguais sejam as regras do jogo, o LegCo, como a maioria dos legislativos do mundo, continua sendo um importante freio e contrapeso para os que estão no poder.

Quanto a quem deve ser indicado para preencher as seis cadeiras vazias, proponho dois critérios de seleção. Primeiro, os candidatos devem desfrutar de amplo apoio do campo da oposição e representar adequadamente as plataformas políticas dos respectivos deputados que devem substituir. Segundo, devem possuir o carisma para articular nossas demandas políticas e estimular o público a apoiar nossa causa.

Essas eleições suplementares, além de um plano de sucessão, também são um poderoso símbolo de resistência. Enviar representantes pró-democráticos de volta para o Legislativo transmitirá uma mensagem poderosa para as elites governantes: todo parlamentar que eles destituíram será substituído por alguém como ele ou ela.

Eles não podem destituir todos nós.

4. MANTER A FÉ NOS PROTESTOS NÃO VIOLENTOS

Desde que o Movimento dos Guarda-Chuvas terminou em 2014, sem obter nenhum ganho político tangível, a sociedade civil tem se esforçado para encarar a percepção de fracasso. Os jovens que emergiram do movimento ficaram com uma profunda sensação de impotência e cansados de protestos. Muitos começaram a rejeitar os protestos pacíficos como um recurso potencial para nossos fins políticos.

Enquanto isso, ativistas que defendem formas mais radicais de resistência estão sendo esmagados sob a força plena da lei. O que aconteceu com pessoas como Edward Leung fez os jovens pensarem duas vezes antes de arremessar outro tijolo na polícia.

O movimento pró-democracia parece estar num impasse. Nem as táticas pacíficas nem as agressivas nos aproximaram de onde queremos ir. Quaisquer ações que praticamos até agora, pouco fizeram para fazer nosso governo ou Pequim ceder.

Mas isso não é mais um motivo para o campo não violento e os grupos localistas juntarem forças? Daqui em diante, vamos fazer de todas as manifestações de rua um grito de guerra para apoiar aqueles que estão presos ou prestes a serem presos, desde defensores da não violência, como o professor Tai, até localistas que apoiam o uso de quaisquer meios necessários, como Edward Leung. Ativistas de todos os matizes têm motivos para tomar as ruas — se não para exigir sufrágio universal, então para expressar sua indignação com a prisão política, uma besta que não conhece fronteiras ideológicas.

5. PROTEGER OS PRESOS

Muitos apoiadores me perguntaram o que podem fazer, além de escrever cartas e compartilhar nossas notícias nas redes sociais, para ajudar os ativistas que estão atrás das grades. Sempre dou a mesma resposta: doe seu tempo.

Além de Alex, Nathan e eu, o chamado NNT Thirteen também está cumprindo pena na prisão. A mídia nos chama de os "13 mais 3". Para demonstrar sua solidariedade conosco, incentivo-o a oferecer 16 horas do seu tempo por mês — uma hora para cada ativista preso —, fazendo o tipo de trabalho comunitário, qualquer que seja, mais adequado a você.

Aqui estão algumas ideias do que você pode fazer nessas 16 horas: distribuir panfletos nas ruas; montar uma banca de rua em uma manifestação dominical; compartilhar suas opiniões em um fórum comunitário; e pedir para seus amigos e familiares que se registrem para votar. Você pode até participar de uma campanha eleitoral de um candidato pró-democracia.

O sucesso de qualquer movimento político depende dos esforços da sociedade civil ao nível do bairro. Esses esforços começam com você. Logo que sair da prisão e voltar para as ruas, espero vê-lo trabalhando duro e fazendo a diferença, atrás de um megafone ou na frente de uma multidão.

6. PREPARE-SE PARA ASSUMIR

No final da década de 1970, o movimento pró-democracia de Taiwan tomou um rumo sangrento e trágico. A repressão brutal contra os manifestantes pelo regime autocrático culminou no chamado "Incidente de Formosa". A lei marcial foi decretada, os líderes dos protestos foram presos, torturados e executados, e muitos outros manifestantes foram julgados e receberam sentenças pesadas.

Hong Kong foi poupada do banho de sangue testemunhado em Taiwan e nos países vizinhos, ao menos por enquanto. Porém, o preço que devemos pagar por exigir mudanças políticas deve subir. Antes que dezesseis de nós fôssemos mandados para a prisão, atuávamos supondo que uma condenação por reunião ilegal resultaria em não mais do que uma sentença de prestação de serviços comunitários. Veja com que rapidez essa suposição foi refutada.

Em Taiwan, após o Incidente de Formosa, grande número de ativistas foi preso e banido da política. Em resposta, seus cônjuges, amigos e até advogados de defesa foram convocados para concorrer à eleição em seus lugares.

Os ativistas de Hong Kong devem sofrer destinos semelhantes no futuro próximo. Em pouco tempo, você também poderá ser solicitado a assumir o lugar deles. Quando esse dia chegar, espero que você esteja pronto.

Alinhem-se, o oficial está aqui

高層殺到，立正站好

DIA 11 — DOMINGO, 27 DE AGOSTO DE 2017 (PARTE 2).

Como todos os dias desde a minha chegada, um grupo de presos e eu passamos a maior parte do dia varrendo o refeitório de quase 200 metros quadrados. Fazemos a limpeza depois de cada café da manhã, almoço e jantar.

Em Hong Kong, a maioria dos jovens de vinte e poucos anos mora com os pais, e muitas famílias de classe média têm uma empregada que dorme no emprego. Minha família não é exceção. Nunca limpei tanto na minha vida e digo a mim mesmo que é bom para o meu caráter.

Duas vezes por dia, um agente penitenciário graduado visita as instalações para assegurar que tudo esteja em perfeitas condições. Todos os presos têm que se alinhar com o peito estufado, cerrar os punhos de ambas as mãos, e ficar com o olhar fixo, não para frente, mas 45 graus para cima. Essa última exigência não faz sentido para mim. Sempre presumi que alguém deveria fazer contato visual ao se dirigir a um superior, mas aparentemente entendi tudo errado. "Quando você olha para cima, você parece que está cheio de esperança", um dos guardas explicou.

Enquanto estivermos em posição, o agente penitenciário graduado vai gritar: "Esta é uma inspeção. Algum pedido ou alguma reclamação?". Claro que ninguém diz nada, exceto saudar: "Bom dia, senhor!". Depois disso, ele vai responder: "Bom dia". Nós expressaremos nossa gratidão, dizendo: "Obrigado, senhor!".

DEMOCRACIA AMEAÇADA

As pessoas fora da prisão, como meus amigos e colegas de classe, sempre me chamam pelo meu nome completo em chinês: Wong Chi-fung. Em Hong Kong, é comum se dirigir aos amigos e conhecidos pelos seus nomes completos e isso não é considerado excessivamente formal. Aqui na prisão, porém, como um gesto amistoso de familiaridade, os funcionários e os presos abreviaram meu nome para "Fung Jai" (Pequeno Fung), "Fung Gor" (Irmão Fung) ou "Ah Fung" (Funguinho).

Em Pik Uk, todos sabem quem eu sou. Os detentos gostam de conversar comigo e discutir os direitos dos presos. Todos acham que posso usar meu "poder de estrela" para facilitar a vida deles. Depois de terminar nossos afazeres esta noite, alguns de nós se reuniram para reclamar sobre algumas das maneiras pelas quais as prisões são administradas em Hong Kong.

Uma das maiores queixas são sobre o quanto a "lista" é restritiva. Os Serviços Correcionais permitem que amigos e familiares tragam suprimentos de fora para os presos, mas apenas se os itens estiverem em uma lista aprovada. Isso inclui coisas básicas, como canetas, cadernos, aparelhos de barbear e toalhas de rosto. Alguns itens básicos de higiene pessoal estão fora da lista, como talco e creme para o corpo.

No refeitório, o adolescente sentado na minha frente tinha um pedido mais específico. Ele reclamou que Pik Uk não permite "álbuns fotográficos" (álbuns de fotos de mulheres nuas ou seminuas), ainda que outras prisões juvenis permitam. "Precisamos lutar pela igualdade entre as prisões!", ele brincou. "Mas, agora falando sério", ele continuou, "fui agredido na viatura da polícia depois da minha prisão. Você acha que pode exigir que câmeras sejam instaladas nas viaturas policiais?"

Adolescente *versus* Sociedade

少年倉裡的 Adolescente

DIA 14 — QUARTA-FEIRA, 30 DE AGOSTO DE 2017.

Recebi outro grande lote de cartas hoje. Algumas vieram de membros do Demosistō, outras de apoiadores de Hong Kong e do exterior. Além das visitas dos meus pais e amigos, a chegada da correspondência é a parte mais empolgante do meu dia.

Uma carta era de um honconguês que mora no Canadá. Trouxe de volta lembranças de uma viagem recente que fiz a Toronto com o veterano ativista Martin Lee, o chamado "Pai da Democracia" e presidente fundador do United Democrats of Hong Kong (Democratas Unidos de Hong Kong) e do Democratic Party (Partido Democrático), e com Mak Yin-ting, ex-presidente da Hong Kong Journalists Association (Associação de Jornalistas de Hong Kong). Parece uma eternidade desde que eu estava livre para viajar ao redor do mundo e contar a nossa história a parlamentos e estudantes universitários. Aqueles dias não podiam ser mais diferentes do que minha vida aqui na prisão.

Passei todos os dias das últimas duas semanas com o mesmo grupo de presos. Há cerca de 36 de nós; o tamanho aproximado de uma turma em uma escola secundária local. No início, me comportei com cautela perto deles, em parte porque alguns parecem membros de gangues de rua bastante tatuados (do tipo que os pais diriam para ficar longe); em parte porque a maioria deles está aqui por tráfico de drogas, assalto, agressão e outros crimes graves. Mas depois que os conheci melhor, todos pareceram confiáveis e fáceis de conviver. Percebi que era errado da minha parte julgá-los com base em sua aparência e história.

Todos eles parecem ter uma coisa em comum: gostam de se gabar do passado. Engajam-se em uma demonstração de superioridade com base no número de pessoas que costumavam controlar em suas gangues, no tamanho de seu território, na força com que se defendiam e se expandiam, coisas assim. Às vezes, as histórias de guerra entre gangues ficam tão exageradas e improváveis que apenas olho em volta exprimindo descrença e os ignoro.

Mas tento entender como eles acabaram em gangues. Eles costumam compartilhar antecedentes comuns: não se davam bem com suas famílias, abandonaram a escola após o terceiro ano do secundário (9º ano) e andavam com "a turma errada". Ouvi-los foi revelador e humilhante. Mudou completamente minha impressão a respeito dos jovens infratores, que costumam ser retratados na grande mídia como violentos e perigosos. Na realidade, são garotos como eu. Eles passam seus dias como qualquer adolescente comum, folheando revistas e lendo livros. Muitos deles são admiradores leais de Roy Kwong, ativista importante, deputado e romancista de sucesso apelidado de "Deus Kwong". Quando os presos descobriram que Nathan e eu trabalhamos conjuntamente com Roy, todos quiseram saber o segredo de como ele cria suas histórias de amor viscerais. Acho que essas perguntas são mais bem respondidas pelo próprio "Deus".

Por mais que eu goste de Roy e respeite seu trabalho, prefiro mangás japoneses e videogames. São meus prazeres secretos. Os presos ficaram surpresos quando pedi que me emprestassem *One-Punch Man*, conhecida revista de história em quadrinhos japonesa. Também contei a eles sobre minha obsessão por *Gundam*, série de anime japonesa atemporal e a resposta do país a *Star Trek*. Então, foi a minha vez de me gabar: disse-lhes que tinha acabado de comprar o novo console PS4, que estava em minha casa pronto para ser usado.

Às vezes, nossas conversas ficam mais sérias e eles se queixam do sistema educacional local. Um rapaz disse: "Os garotos que vão bem na escola não acabam aqui. E os garotos que acabam aqui nunca vão bem na escola. Ninguém jamais escolhe estar no segundo grupo. Os dois grupos nunca se misturam e podem muito bem viver em dois planetas diferentes".

Suas palavras realmente me fizeram pensar. O sistema educacional local é notoriamente competitivo e obcecado por boas notas. Muitos garotos e garotas são excluídos e deixados para trás. Uma vez que abandonam o sistema, ninguém se preocupa em tentar trazê-los de volta. Tornam-se mais uma estatística para o governo e personagens para artigos sensacionalistas da mídia, que exibem manchetes como "Adolescentes presos em grande operação antidrogas" e "Jovens de gangues detidos em cassino clandestino". Quando lemos as manchetes nos jornais, a maioria de nós faz um gesto negativo com a cabeça e passa para a próxima página. Não esperamos ouvir sobre esses jovens nunca mais. Mas para onde eles foram e para onde podem ir?

No ano passado, a Netflix lançou *Joshua: Adolescente vs. Superpotência*. Mas nas ruas perversas de Hong Kong, uma história de "Adolescente *versus* Sociedade" se desenrola todos os dias e ninguém dá a mínima.

Minha primeira marcha

落場步操

DIA 15 — QUINTA-FEIRA, 31 DE AGOSTO DE 2017.

Hoje, tive minha primeira e temida marcha matinal. Sou um estudante magricela e nerd de Hong Kong. Passo quase todo o meu tempo livre jogando videogame e assistindo a animes japoneses. Não saio muito e nunca fui do tipo atlético ou particularmente coordenado. Terei sorte se chegar ao final da marcha sem passar vergonha ou me machucar.

Tudo considerado, acho que me saí bem esta manhã. Exceto as poucas vezes que virei à esquerda quando devia virar à direita, segurei as pontas. Talvez daqui alguns anos, quando recordar meus dias em Pik Uk, sentirei falta dessas marchas. Mas, por enquanto, minha estratégia é não dar na vista na segunda fila, onde os erros são menos óbvios para o sargento instrutor. (De fato, os presos sempre correm para o pátio principal na hora da marcha para tentar ter o privilégio de ficar na segunda fila.)

Foi um bom começo para um dia movimentado. Recebi diversas visitas. Os deputados Charles Mok e Alvin Yeung deram uma passada antes que o representante da defensoria pública aparecesse com mais papelada para eu examinar e assinar. Depois disso, vieram meus pais, Lester Shum e o deputado Eddie Chu.

Antes de terminarmos, Eddie me olhou nos olhos e disse: "Chi-fung, não pense em si mesmo como estando na prisão. Pense para além destes muros". Sabia exatamente o que ele queria dizer. Eddie quis me lembrar

ATO II   ENCARCERAMENTO: CARTAS DE PIK UK

que sou um prisioneiro de consciência e, mesmo estando do outro lado da divisória de vidro, há muitas maneiras pelas quais posso fazer a diferença no mundo lá fora.

As palavras de Eddie elevaram meu espírito e me motivaram a pensar além de Pik Uk. Afinal, vivemos na era das redes sociais e da disseminação instantânea das informações. Qualquer mensagem que desejo transmitir ao público, posso dizer aos meus visitantes e pedir para compartilharem no Facebook e no Twitter em meu nome.

Por falar em Facebook, recebi uma carta do Demosistō que continha mais do que as divagações habituais sobre assuntos do partido. Tinha capturas de tela das postagens do Facebook que foram compartilhadas em meu mural por amigos e colegas. Era surreal ver a rede social em papel impresso, e não em um smartphone. Mas me satisfez plenamente e aliviou os sintomas de abstinência em relação ao Facebook, ainda que temporariamente.

Mudando de assunto, não há escassez de propaganda na prisão juvenil. Todas as salas de aula, salas de computadores e áreas comuns estão repletas de cartazes com slogans como "O conhecimento pode mudar seu destino" e "Reforme-se para um amanhã melhor". Todos os cartazes da prisão apresentam uma mesma ilustração de borboleta. Perguntei a um dos guardas o que aquilo simbolizava. Radiante de orgulho, ele me respondeu que borboletas representam transformação. Explicou que os jovens infratores são como lagartas que se transformarão em belas borboletas até o final do cumprimento de suas sentenças; mas só se estiverem dispostos a ser reabilitados. Se seguirem o programa dos Serviços Correcionais, abrirão suas asas e voarão quando se reintegrarem à sociedade.

Pergunto-me quantos presos registram a metáfora.

Cartas do coração

有信有心

DIA 16 — SEXTA-FEIRA, 1º DE SETEMBRO DE 2017.

Recebi 40 cartas hoje. É um novo recorde para mim. Os remetentes são pessoas de todos os tipos, incluindo estudantes e professores universitários, um jornalista do *Wall Street Journal*, um expatriado de Hong Kong que vive na Austrália e uma jovem mãe que deu à luz seu filho em 2014, no auge dos protestos em massa. Ela o chama de "bebê do guarda-chuva".

Realmente gosto de ler os relatos pessoais que meus apoiadores compartilham comigo. Uma mãe escreveu que havia pedido ao filho que desenhasse um imagem do *Transformers* para me animar, mas descobriu, constrangida, que ela tinha confundido *Transformers* e *Gundam*, o anime de que eu gosto. Um pai falou sobre levar sua família de cinco pessoas a uma manifestação de rua pela primeira vez, e como estava lotada a estação de metrô naquele dia. Um declarado "cidadão de classe média politicamente apático" confessou como costumava achar que a TVB News era a autoridade reinante em notícias, até que o Movimento dos Guarda-Chuvas o inspirou a ser mais crítico e a ter um pé atrás em relação à grande mídia local. Um seguidor do Facebook me exortou a me agarrar ao meu "brasão da coragem" imaginário (um amuleto do anime *Digimon*) e um apoiador especialmente atencioso imprimiu uma cópia da carta aberta de minha mãe para a chefe-executiva Carrie Lam, publicada no portal de notícias on-line *HK01*, pedindo para que Lam começasse a ouvir os jovens, em vez de tentar silenciá-los usando o sistema de justiça criminal.

Essas cartas são a prova da maior conquista do Movimento dos Guarda-Chuvas: o despertar político. Ainda que a frase tenha sido usada em excesso, a ponto de ter perdido muito do seu significado, ninguém pode negar ou questionar o fato de que o momento sacudiu uma geração de cidadãos de Hong Kong, tirando-os de seu coma existencial e apatia política. Se não fossem aqueles 79 dias de protestos em massa em 2014, ninguém se daria ao trabalho de pegar uma caneta e escrever uma carta para um garoto de 20 anos atrás das grades. A efusão de apoio mostrada a mim e a outros ativistas presos é a prova de que uma semente foi plantada na mente de todo honconguês amante da liberdade, pronta para brotar quando as condições estiverem maduras.

Essas cartas também respondem a uma pergunta recorrente que muita gente me fez: depois de tudo o que os honcongueses passaram em 2014, e tendo em conta o quão impotentes e desesperançados se sentiram desde então, como eu, um ativista importante, planejo energizar o público para lutar ao meu lado?

Minha resposta é a seguinte: a única maneira de estimular a sociedade é fazer sacrifícios reais e passar das palavras aos atos. Carregar a cruz da prisão, como os "13 mais 3" ativistas fizeram, é a melhor maneira de provar nosso compromisso com Hong Kong e demonstrar que somos mais do que meros slogans e retórica. As cartas comoventes que continuam chegando são a prova de que nossos esforços não passaram despercebidos.

Contando os dias

數數日子

DIA 18 — DOMINGO, 3 DE SETEMBRO DE 2017 (PARTE 1).

Não há aulas ou afazeres aos domingos. É o único dia da semana em que os presos podem usar sandálias abertas. Essas sandálias de borracha vieram a simbolizar o ócio para mim.

Hoje de manhã, recebemos algumas horas de tempo livre para fazer nossas próprias coisas no refeitório. À tarde, recebemos mais algumas horas para ocupar na sala de aula. A maioria do presos optou por ver tevê, que é praticamente a única forma de entretenimento na prisão juvenil. Sem muito entusiasmo, alguns decidiram pegar um jornal ou um livro para ler.

Durante uma conversa, um preso me disse que, se a minha data de soltura caísse em um domingo ou um feriado, eu seria solto um dia antes. Aquela fofoca de prisão me levou a checar imediatamente a placa de identificação que tenho de usar ao redor do pescoço e onde está marcada a minha data de soltura. O dia previsto — 17 de dezembro, supondo bom comportamento — caía de fato no domingo! A ideia de que eu tinha acabado de "economizar" um dia me deixou nas nuvens. Mas mal tinha tirado o sorriso do rosto quando me dei conta de que podia ser bom demais para ser verdade. Provavelmente, a outra acusação de desacato à autoridade do tribunal que estou enfrentando atrasará minha data de soltura durante semanas, ou meses.

Minha audiência referente à acusação de desacato ainda está marcada para meados de setembro. Supondo que eu me declare culpado (o que meu advogado recomendou), provavelmente receberei uma sentença de três meses de prisão. Supondo que a pena seja reduzida em um terço por bom comportamento, significa um tempo de prisão líquido de dois meses. Isso faz de 16 de fevereiro minha data de soltura real. Voltei a checar e descobri, para minha alegria, que 16 de fevereiro é o Ano-Novo Chinês, um feriado oficial. Então, parece que vou me beneficiar do abatimento de um dia de prisão.

Mas, mesmo com isso, a ideia de não poder passar a véspera do Ano-Novo Chinês — semelhante ao Dia de Ação de Graças ou ao Natal em outros lugares do mundo — com minha família diminuiu meu entusiasmo mais uma vez.

Ao verificar o calendário, constatei que 16 de fevereiro está a 166 dias de distância. São menos de 24 semanas: mais 6 na prisão juvenil e 18 na ala de adultos. Senti-me um pouco melhor ao medir o tempo em semanas e dividi-lo em dois pedaços: antes e depois do meu aniversário de 21 anos.

Não recebi visitas hoje, o que fez o dia parecer ainda mais longo. Meu único consolo foi ler uma carta que Alex escreveu na prisão e que foi publicada no *Apple Daily*, assim como a entrega do correio às quatro da tarde.

No artigo, Alex ecoou o mesmo sentimento que outros ativistas presos sentem, ou pelo menos deveriam sentir: aqueles que estão no poder podem aprisionar os nossos corpos, mas não são capazes de aprisionar as nossas mentes. Devo admitir que o mantra de Alex é mais fácil de ser dito do que praticado. As primeiras coisas que penso quando acordo são meus pais e meus amigos.

Igualmente torturante é ver na tevê e nos jornais anúncios de toda comida que não posso comer. Às vezes, a comida da prisão é tão insossa que só consigo terminar metade dela e ir para a cama com fome. O que eu daria para tomar um gole de café ou de Coca-Cola? Ou o que eu daria para comer um sushi, um bife ou um macarrão wonton?

Carta aberta para a comunidade internacional

寫給國際社會的信

DIA 18 — DOMINGO, 3 DE SETEMBRO DE 2017 (PARTE 2).

Aos amigos no exterior, que se importam com Hong Kong:

Faz um mês que cheguei a Pik Uk. Mesmo estando atrás das grades, ainda posso sentir o apoio da comunidade internacional, em particular das organizações de direitos humanos ao redor do mundo e dos parlamentares do Reino Unido, Estados Unidos e Alemanha. Todos vocês expressaram preocupação e indignação com a prisão dos "13 mais 3". Somos eternamente gratos a vocês.

Três anos atrás, juntei-me a centenas de milhares de cidadãos corajosos, no maior movimento político da história de Hong Kong, com o objetivo simples e honrado de trazer a verdadeira democracia para a nossa cidade. Pedimos para exercer nosso direito constitucional de eleger nosso próprio líder por meio de uma eleição justa e aberta.

Não só o governo de Hong Kong — nomeado por Pequim e sob seu comando — ignorou nossas demandas, mas também prendeu e acusou muitos de nós de reunião ilegal, inclusive eu. Após um longo julgamento, e que levou em consideração nossas motivações altruístas e os princípios geralmente aceitos da desobediência civil, o tribunal de primeira instância nos condenou à prestação de serviços comunitários.

Em seguida, as coisas tomaram um rumo preocupante. Uma reportagem investigativa da Reuters revelou que o nosso secretário de Justiça

Rimsky Yuen, nomeado por Carrie Lam, nossa chefe-executiva não eleita, rejeitou a ordem judicial de prestação de serviço comunitário recomendada por seu comitê de acusação e tomou uma decisão politicamente motivada de recorrer da minha sentença. O recurso foi encaminhado a um juiz do tribunal superior, que fora fotografado em eventos promovidos por organizações pró-Pequim. No final das contas, o juiz aumentou minha pena para seis meses de prisão, alegando que o tribunal precisava pôr fim à "tendência preocupante" de ativismo político.

Até recentemente, a acusação de reunião ilegal era utilizada apenas para processar membros de gangues locais. Agora, acredito que a verdadeira "tendência preocupante" é que um instrumento contra o crime organizado esteja sendo aplicado para silenciar dissidentes e extinguir o movimento pró-democracia em Hong Kong. Até recentemente, os participantes de iniciativas de desobediência civil tinham sempre recebido ordens judiciais de prestação de serviços comunitários. As sentenças de prisão recebidas pelos "13 mais 3" representam mais uma "tendência preocupante", que aumentou significativamente o preço do ativismo político em Hong Kong.

Amanhã, provavelmente, o professor Benny Tai, o professor Chan Kin-man e o reverendo Chu Yiu-ming irão para a prisão pelo papel que desempenharam no Occupy Central, a campanha de desobediência civil que levou ao Movimento dos Guarda-Chuvas. A prisão deles é ainda mais uma evidência de que a liberdade de reunião e outros direitos fundamentais em Hong Kong estão sendo erodidos em ritmo acelerado.

No passado, o termo "prisioneiro político" evocava imagens assustadoras de dissidentes na China continental sendo presos e jogados na prisão. É difícil imaginar que o termo agora também se aplique a Hong Kong, uma das economias mais livres do mundo. Como o longo braço de Pequim alcança todos os cantos de Hong Kong e ameaça nossas liberdades e estilo de vida, o número de prisioneiros de consciência só vai aumentar. A comunidade internacional não pode mais ficar de braços cruzados e fazer de conta que está tudo normal em Hong Kong. Algo precisa ser feito.

Infelizmente, poucos governos estrangeiros estão dispostos a confrontar a segunda maior economia do mundo e punir suas ações. Por exemplo, fiquei desanimado com o último relatório semestral sobre Hong Kong

DEMOCRACIA AMEAÇADA

publicado por Boris Johnson, secretário de Relações Exteriores do Reino Unido.* Apesar da perseguição política de ativistas como eu, o secretário concluiu que o arranjo "um país, dois sistemas" estava "funcionando bem". Como signatária da Declaração Conjunta Sino-Britânica sobre Hong Kong, a Grã-Bretanha tem a obrigação moral e legal de defender seus ex-súditos e falar em seu nome.

Apresso-me a acrescentar que há muitos indivíduos e organizações no Ocidente que apoiaram firmemente o movimento pró-democracia em Hong Kong. Com sua declaração de que nossos nomes ficarão "gravados na história", Chris Patten tem sido uma grande fonte de encorajamento para mim, Nathan e Alex. Um editor do *New York Times* chegou mesmo a sugerir que nós três fôssemos indicados para o Prêmio Nobel da Paz.** Suas palavras nos enchem de humildade. O que deve ser gravado na história é o Movimento dos Guarda-Chuvas, que despertou uma geração da juventude de Hong Kong. Quem merece um Prêmio Nobel são todos os habitantes de Hong Kong que enfrentaram corajosamente um regime intransigente apoiado por uma superpotência autoritária.

Em comparação com os 1,4 bilhão de pessoas da China continental — o equivalente a quase uma em cada cinco pessoas deste planeta —, a população de 7 milhões de Hong Kong é infinitesimal. Mas o que nos falta em números, compensamos em determinação e coragem. Todos os dias somos guiados por nossa sede de liberdade e senso de dever de trazer a democracia aos nossos filhos e netos. Enquanto seguirmos esse caminho, sempre estaremos do lado certo da história.

A ilha de Hong Kong pode ser pequena, mas a determinação do seu povo é tudo menos isso.

---

* Foi eleito primeiro-ministro do Reino Unido em 2019.
** Em fevereiro de 2018, Joshua Wong, Nathan Law e Alex Chow foram indicados ao Prêmio Nobel da Paz. Aos 21 anos, Joshua era o caçula dos três. Foram os primeiros habitantes de Hong Kong indicados ao prêmio.

Nessa época, no ano passado, eu estava contando votos no LegCo

年前還在立法會點票站

DIA 19 — SEGUNDA-FEIRA, 4 DE SETEMBRO DE 2017.

Hoje, a entrega de correspondência quebrou outro recorde pessoal, não pela quantidade de cartas, mas pelo peso. Do meu advogado, recebi uma cópia impressa de 291 páginas de toda a minha página do Facebook e da página do grupo Demosistō desde que recebi minha sentença, há duas semanas.

Não achei que fosse gostar desse "Facebook em formato impresso" — quase uma contradição em termos —, mas gostei. Isso me fez sentir conectado com o mundo exterior novamente. Tinha pensado em pedir cópias impressas regulares do Facebook, mas decidi não pedir. Por um lado, a tarefa é demorada (os membros do Demosistō já são muito ocupados e não há mão de obra de sobra) e, por outro, imprimir resmas e resmas de postagens do Facebook destruiria árvores demais. Vou ter de esperar por uma surpresa ocasional, como a de hoje.

Todas as cartas que chegam e saem da prisão serão abertas e examinadas pelos guardas, sob a alegação de que os Serviços Correcionais precisam procurar objetos escondidos. Também verificam mensagens não autorizadas, como planos para derrubar as autoridades ou de conspiração entre os presos.

A não ser que a carta seja para ou de uma pessoa que ocupa um cargo público, como um parlamentar. Nesse caso, o envelope permanecerá fechado e não será lido por ninguém, exceto pelo destinatário. A entrega também é acelerada, levando dois dias, em vez de uma semana inteira, para chegar às mãos do destinatário. O remetente nem precisa colocar um selo postal no envelope.

Isso cria uma brecha que fico feliz de explorar. Economizo o dinheiro do selo e tenho tranquilidade para discutir assuntos delicados. Os guardas resmungam toda vez que peço uma "entrega lacrada". Quer gostem ou não, estou determinado a enviar uma pelo menos duas vezes por semana.

Todas as entregas lacradas passam pelo Escritório de Recepção. Para evitar que os presos façam contrabando de drogas ou outras substâncias ilícitas, somos obrigados a fazer um exame de urina após cada envio ou recebimento de entrega lacrada. O Escritório de Recepção é um vestiário esplêndido, onde papelada simples é processada e os agentes penitenciários ficam sentados e fofocam. Certa vez, enquanto esperava no escritório para fazer um exame de drogas, meus olhos foram atraídos para o calendário pendurado na parede.

Exatamente há um ano, em 4 de setembro de 2016, Nathan fez história ao se tornar o deputado mais jovem de Hong Kong, tendo conquistado 50.818 votos no distrito eleitoral da Ilha de Hong Kong. Todos nós estávamos na sala de apuração do prédio do LegCo, eufóricos e chorando de alegria, com uma multidão de jornalistas locais e estrangeiros esperando impacientemente do lado de fora. Nenhum de nós teria imaginado que, meses após a vitória histórica, Nathan perderia seu mandato e nós dois estaríamos atrás das grades.

E me pergunto se Nathan também se deu conta do aniversário e quero saber o que está passando pela mente dele esta noite.

Insossa e mais insossa

重複單調乏味的食物

DIA 20 — TERÇA-FEIRA, 5 DE SETEMBRO DE 2017.

Desde o dia em que comecei a manter um diário, esperava que amigos e familiares se interessassem pelo tipo de comida que estou consumindo na prisão. Por isso, fiz questão de anotar o que eu comia todos os dias no café da manhã, no almoço e no jantar.

Dia	Café da manhã	Almoço	Jantar	Lanche noturno
Seg	Carne de porco Pepinos	Mingau doce Pão com manteiga	Asa de frango Verduras	Pão de passas Leite
Ter	Carne bovina Verduras	Mingau salgado Pão com geleia	Peixe Ovo Verduras	Pão de passas Leite
Qua	Asa de frango Pepinos	Mingau doce Pão com manteiga	Peixe Verduras	Pão de passas Leite
Qui	Carne de porco Verduras	Mingau salgado Pão com geleia	Asa de frango Verduras	Pão de passas Leite
Sex	Carne bovina Pepinos	Mingau doce Pão com manteiga	Peixe Ovo Verduras	Pão de passas Leite
Sáb	Asa de frango Verduras	Mingau salgado Pão com geleia	Peixe Verduras	Pão de passas Leite
Dom	Almôndegas de carne bovina Pepinos	Mingau com casca de tofu Pão amanteigado Chá com leite	Peixe Ovo Verduras	Pão de passas Leite

DEMOCRACIA AMEAÇADA

Parei de registrar minha dieta depois de duas semanas, quando percebi que o cardápio se repete semana após semana e nunca muda.

Um discurso "mal-educado"

「不懂大體」的一番話

DIA 22 — QUINTA-FEIRA, 7 DE SETEMBRO DE 2017.

A manchete de todos os jornais de hoje se refere à lei do hino nacional proposta pelo governo.

Ontem, Pequim publicou um projeto de lei para criminalizar o uso comercial ou paródias de "Marcha dos Voluntários", hino nacional chinês. Qualquer um que seja pego "insultando intencionalmente" o hino poderá pegar até três anos de prisão.

O projeto de lei é outra violação de nossa liberdade de expressão. Como o currículo do programa de Educação Nacional que o Escolarismo frustrou em 2012, é a mais recente tentativa do governo de legislar o patriotismo. Não funcionou em 2012 e não vai funcionar hoje.

Infelizmente, o LegCo é dominado por partidários de Pequim (principalmente após o recente expurgo dos deputados pró-democracia pelo Oathgate) e o governo tem votos mais do que suficientes para aprovar o projeto de lei assim que terminar o período de consulta pública.

Diversos jornais divulgaram o discurso de uma estudante que chamou a atenção e ganhou elogios generalizados. Na cerimônia de abertura do ano letivo de sua escola secundária, Tiffany Tong, presidente do grêmio estudantil de 17 anos, pronunciou-se sobre a discussão do hino nacional quando discursou para os estudantes:

DEMOCRACIA AMEAÇADA

A maneira como os jovens escolhem expressar suas queixas sobre o governo, como dar as costas para a bandeira nacional, costuma ser considerada mal-educada e desrespeitosa.

Sim, sabemos que boas maneiras são importantes — nos ensinam isso todos os dias na escola —, mas também sabemos da importância de nossos princípios e crenças.

Aos olhos de muitos adultos, somos rudes, desobedientes e pouco pragmáticos, mas estamos fazendo o que os jovens devem fazer: desafiando o pensamento convencional e nos recusando a ceder. Ao longo do caminho, estamos sujeitos a cometer erros e a fracassar, mas emergiremos de nossos erros e fracassos como pessoas mais fortes e melhores.

As palavras de Tiffany são prodigiosas. Resumem perfeitamente o sentimento coletivo da próxima geração em Hong Kong. Ao enfrentar crescentes injustiças sociais e intimidação política pela China Comunista, os jovens se recusam a ceder e trocar seus ideais pelo que é fácil e pragmático. Em vez de se acomodar e ver uma vida "bem-educada", como os adultos, estão escolhendo arriscar tudo, levantando a voz e resistindo.

Senti-me bastante encorajado pelo que li. Quando extinguimos o Escolarismo para dar lugar ao Demosistō, alguns membros se preocuparam com a possibilidade de perdermos uma plataforma importante para inspirar a próxima geração de ativistas adolescentes. Tiffany é a prova de que não precisamos nos preocupar.

A política flexível

靈活的政治家

DIA 24 — SÁBADO, 9 DE SETEMBRO DE 2017.

Um trio de membros do Demosistō veio me ver hoje. O assunto principal da conversa foi a próxima eleição suplementar para o LegCo. À medida que o prazo final para a indicação se aproxima, há certa urgência para chegarmos a um acordo sobre qual de nós deve concorrer. A resposta depende de contra quem vamos concorrer.

Nossa principal adversária é Judy Chan, do New People's Party (NPP), um partido pró-*establishment*. Chan foi educada na Austrália e trabalhou nos Estados Unidos antes de voltar a Hong Kong e ingressar na política. Em uma entrevista recente, Chan disse que seu marido era contra sua decisão de concorrer ao LegCo, não só porque estava preocupado com o estresse que uma campanha eleitoral poderia provocar, mas também porque ela seria obrigada a desistir de sua cidadania norte-americana e, ao fazê-lo, possivelmente tornaria mais difícil sua filha cursar uma universidade norte-americana no futuro.

O NPP é um partido das elites empresariais. Seus membros vêm da classe privilegiada de Hong Kong, que se aproxima do Partido Comunista com sua retórica patriótica, enquanto se agarram aos seus passaportes estrangeiros, que são sua possível rota de fuga. Possuem imóveis de luxo no exterior e enviam seus filhos para universidades do Ocidente para protegê--los do sistema educacional local. Isso torna ainda mais irônico que Pequim acuse os líderes do Movimento dos Guarda-Chuvas e os ativistas pró-democracia de agir sob a influência de "potências estrangeiras". Seus supostos partidários têm mais laços estrangeiros do que qualquer um de nós.

Em 2014, durante a eleição suplementar distrital, Chan criticou o vereador distrital de saída — um político pró-democracia — por abandonar seu distrito eleitoral para concorrer ao LegCo. Ela disse aos eleitores que se concentraria nas questões distritais e que não tinha ambição de se tornar deputada. Ela acabou vencendo a eleição distrital.

Dois anos depois, após o Oathgate criar uma brecha para ela, Chan não tem escrúpulos em voltar atrás em sua palavra e entrar na disputa. Eu gostaria de saber o que seus eleitores acham disso.

Meu rádio fabricado na China

國產收音機

DIA 25 — DOMINGO, 10 DE SETEMBRO DE 2017.

Há duas semanas, gastei parte do meu dinheiro ganho com suor em um rádio FM.

Meu pedido chegou hoje. Não via a hora de ouvir um programa de atualidades com participação dos ouvintes da RTHK,* chamado *Open Line, Open View*. Estava muito animado em abrir a caixa. Esperava o mesmo modelo da Sony que os outros presos tinham comprado recentemente usando o formulário de pedido de provisão, mas acabou por ser uma imitação chinesa. (Posteriormente, descobri que a Sony tinha parado recentemente de fabricar rádios.) Uma marca chinesa seria boa se funcionasse, mas quando ligo o aparelho em minha cela só ouço estática. Consigo alguma recepção se estico meu braço através das barras de ferro da minha porta e posiciono o aparelho o mais longe possível, mas esse não é o jeito de se ouvir rádio.

Assim, guardei meu rádio e abri minha correspondência. Uma das cartas era de Senia Ng, jovem advogada, cujo pai foi cofundador do Partido Democrático, o partido político mais antigo de Hong Kong. Ela incluiu mais de cinquenta páginas de artigos referentes ao projeto de lei do hino nacional, escritos de Alex da prisão e até alguns jogos de Sudoku e palavras cruzadas.

* Emissora pública Radio Television Hong Kong.

Por falar em jogos, hoje mais cedo joguei pingue-pongue com alguns presos na sala de convívio. Jogamos algumas vezes por semana. Sou péssimo em esportes e nunca gostei deles na escola, mas consegui me virar com a raquete de tênis de mesa. Nunca me exercitei tanto em minha vida. Minha mãe deve estar muito orgulhosa!

Quanto pagaram para você?

其實你有無錢收？

DIA 27 — TERÇA-FEIRA, 12 DE SETEMBRO DE 2017.

A leitura faz o dia passar mais rápido. Meus pais procuram me trazer novos livros sempre que me visitam e meus amigos me enviam listas de leitura.

Acabei de ler *The Protester*, do escritor dissidente chinês Xu Zhiyuan, e os três volumes de *One Hundred Years of Pursuit: The Story of Taiwan's Democratic Movement*, de Cui-lian Chen, Wu Nai-teh e Hu Hui-ling. Não vejo a hora de ler *How Do We Change Our Society?*, do sociólogo Eiji Oguma, um livro que ganhei de presente de dois jovens professores japoneses via Agnes, que visitou Tóquio no início deste ano.

A maioria dos presos lê o que está disponível na biblioteca: revistas de fofocas, romances e histórias em quadrinhos. Procuro não andar por aí com meus livros de não ficção sérios e densos à mostra. Gostaria de folhear revistas de culinária se não me fizessem desejar comida decente ainda mais. O mangá japonês *One-Punch Man* vem a calhar como prazer secreto, que também me ajuda a me enturmar com os outros.

Nos últimos cinco anos, tenho andado em círculos com políticos e ativistas. Às vezes, vivemos em uma bolha, dizendo e fazendo coisas que nos fazem parecer fora de sintonia com a população em geral. Estou fazendo um esforço consciente para me conectar com meus companheiros presos. Ouvi-los desabafar a respeito do que passaram ampliou meus horizontes e me trouxe de volta à Terra.

DEMOCRACIA AMEAÇADA

Mais de um preso me perguntou: "Quanto pagam para você para fazer suas coisas políticas?". Inicialmente, achei que só queriam me provocar com acusações de que recebo dinheiro de governos estrangeiros. No entanto, aos poucos, percebi que as perguntas são autênticas. A maioria das pessoas não entende por que qualquer pessoa normal se arriscaria a ir para a prisão fazendo o que faço se não fosse por dinheiro. Então, agora, apenas sorrio e digo: "Quem me dera que me pagassem!". Mas ninguém acredita em mim. Pensei em dizer que sou como alguém que oferece seu tempo para ajudar os outros sem esperar nada em troca. O que eu realmente queria dizer para eles, mas não digo por medo de parecer arrogante, é que meu único propósito de entrar na política é fazer a diferença. Faço isso para poder algum dia dizer aos meus filhos e netos que dei algo pela cidade que eles amam. Isso valeria todo o dinheiro do mundo.

Exterminadores do tédio

解悶工廠

DIA 28 — QUARTA-FEIRA, 13 DE SETEMBRO DE 2017.

O FronTiers é um grupo de assistentes sociais, advogados e jornalistas que se reuniram para apoiar ativistas em necessidade. Juntamente com o deputado Eddie Chu, o grupo começou uma campanha denominada "Exterminadores do Tédio", para que as pessoas escrevessem cartas e separassem materiais de leitura para ajudar os "13 mais 3" a combater o pior inimigo da prisão: o tempo.

Hoje, recebi meu primeiro pacote do FronTiers — um documento de 30 páginas com recortes de jornais e cópias impressas de artigos on-line. Embora eu tenha o hábito de ler o *Apple Daily* todas as manhãs, algumas das melhores análises e artigos políticos estão disponíveis apenas em veículos de notícias on-line independentes, que cobrem acontecimentos pequenos mas significativos, frequentemente ignorados pela grande mídia.

Ler uma pilha de cópias impressas de computador pode não ser a ideia de todo mundo do que é se divertir, mas lá estava eu, folheando as páginas novinhas no refeitório e sentindo o calor de todos os voluntários dos Exterminadores do Tédio que dedicaram um tempo para fazer com que minha sentença de prisão passasse um pouco mais rápido.

Vi nos recortes de jornal que meu recurso interposto contra a sentença agora é de conhecimento público. Alguns artigos mencionaram que eu estaria em liberdade sob fiança no início de outubro. O que não

DEMOCRACIA AMEAÇADA

mencionaram foi a probabilidade de isso acontecer. Até agora, meus advogados tentaram controlar minhas expectativas. Eles avaliam que minha chance de ser fixada uma fiança em outubro é menor que cinquenta por cento. Por enquanto, continuarei sendo o que os políticos chamam de "cautelosamente otimista".

Você consegue ver os arranha-céus ali?

你看那到些高樓嗎？

DIA 30 — SEXTA-FEIRA, 15 DE SETEMBRO DE 2017.

Hoje, recebi outra grande entrega de correio. Percebi que a maioria das cartas foi datada há mais de uma semana e isso me faz pensar por que minha correspondência está demorando cada vez mais para chegar até mim. Acho que nunca vou descobrir o motivo.

Dois artigos que li de manhã ficaram fervilhando na minha cabeça o dia todo.

O primeiro é da repórter Vivian Tam da *Initium*, veículo de mídia digital de Hong Kong. Conheço Vivian desde minha campanha contra o programa de Educação Nacional em 2012. Cinco anos depois, sua escrita está mais afiada do que nunca. Em seu artigo, "Salvaguardando a verdade e protegendo nossa história", ela traça a evolução do movimento pró-democracia de Hong Kong e compara o Movimento dos Guarda-Chuvas a acontecimentos transformadores semelhantes na Ásia, como o Massacre de 28 de Fevereiro, em Taiwan,* e a Revolta de Gwangju, na

---

* Uma revolta contra o governo em 1947, que foi violentamente reprimida pelo Exército Nacional Revolucionário de Taiwan em favor do governo. Milhares de cidadãos foram mortos e muitos mais ficaram feridos e foram presos. O acontecimento marcou o início do Terror Branco, período de 38 anos de lei marcial, durante o qual dezenas de milhares de taiwaneses foram presos, desapareceram ou morreram.

DEMOCRACIA AMEAÇADA

Coreia do Sul.* Ambos foram revoltas populares sangrentas, que, com o tempo, levaram à democratização dos dois países.

Apesar da proximidade geográfica de Taiwan e da Coreia do Sul, e do fato de que são dois dos destinos de viagem mais populares dos moradores de Hong Kong, a maioria de nós sabe muito pouco sobre suas histórias e como se tornaram as democracias modernas que são hoje. Admito que não sou tão versado em suas histórias como deveria ser e fiz uma anotação para pedir à minha família que me envie alguns livros sobre elas.

O outro artigo intelectualmente instigante foi de uma nova colunista que atende pelo pseudônimo de Ha Mook Mook. Em seu artigo "Perdoe-me por deixar Hong Kong", ela se lembra da primeira noite do Movimento dos Guarda-Chuvas, e descreve suas emoções conflitantes quando viu diversas vias expressas totalmente ocupadas por manifestantes pró-democracia:

> Sei que Hong Kong não é perfeita. Tem sua boa dose de injustiças sociais e moléstias urbanas. Às vezes, simplesmente passar o dia pode ser difícil. Mas não importa quantas vezes eu me perca nas ruas serpenteantes e nos arranha-céus que se elevam nos ares, nunca deixo de me surpreender com a beleza deste lugar.
>
> Em toda parte que olho esta noite, vejo coragem, imaginação e esperança; coisa que nunca vi nas duas décadas que moro aqui. Hong Kong, você é linda!
>
> Não vou mentir para você. Estou preocupada que sua beleza não dure. Preciso me apressar e capturar essas imagens em filme, antes que os muros coloridos sejam lavados, as barracas sejam derrubadas, o trânsito retorne e as pessoas desapareçam. Antes que os estranhos não se cumprimentem mais nas ruas.
>
> Em um trecho sem nome da via expressa, um homem diz para mim: "Você consegue ver os arranha-céus ali? Essa não é a verdadeira Hong Kong. Agora, você consegue ver a multidão aqui embaixo? Essa é a verdadeira Hong Kong".

---

* Uma revolta popular na Coreia do Sul que ocorreu em maio de 1980, em resposta à violenta repressão de estudantes locais que estavam se manifestando contra a lei marcial. Mais de 600 pessoas, quase todos estudantes, foram mortos.

Maus-tratos de presos

囚犯被打

DIA 32 — DOMINGO, 17 DE SETEMBRO DE 2017.

Não acontece muita coisa aos domingos. Passamos a maior parte do dia sentados sem fazer nada, conversando ou "soprando água", como dizemos em cantonês. Geralmente, não temos um tópico específico. Então, tentei direcionar a conversa para a questão dos maus-tratos de presos, para poder passar qualquer informação útil ao Garrafa. Prometi a ele e quero honrar minha promessa. É um assunto delicado e não demorou muito para que os guardas da prisão percebessem — eles bisbilhotam e escutam as nossas discussões —, mas, independentemente do que as autoridades pensem, assumi essa questão e não estou disposto a abandoná-la por medo de represália.

Apesar do desmentido cabal da Unidade de Reabilitação dos Serviços Correcionais, divisão responsável pelo bem-estar dos prisioneiros, e da atitude defensiva de quase todas as pessoas com autoridade com quem Garrafa falou, a violência nas prisões é tão predominante em Hong Kong que pode ser chamada de epidêmica. Garrafa também me disse que, dentre as milhares de denúncias apresentadas na última décadas, apenas alguns casos foram aceitos e confirmados pela Unidade de Investigação de Denúncias. Não é de se surpreender, considerando que o chefe da unidade é nomeado por ninguém menos que o Diretor de Serviços Correcionais. Há pouca ou nenhuma responsabilização no sistema.

Uma coisa é considerar essa questão de maus-tratos de presos em abstrato, outra bem diferente é ouvir relatos pessoais de violência física — e às vezes sexual — de vítimas sentadas bem na minha frente. Muitas histórias são angustiantes. Alguns presos foram apalpados na virilha, outros foram forçados a ingerir água misturada com cinzas de cigarro, e ainda outros foram golpeados nas mãos com porretes de madeira até seus dedos quebrarem.

Eu sei que muitos presos ainda acreditam que a política não tem nada a ver com eles e que eles não têm nada a ver com isso. É por isso que se esforçam para entender por que alguém entraria na política se não fosse por ganhos financeiros. Cada vez que o assunto surge, digo a eles que a política está ao redor deles e afeta todos os aspectos de suas vidas, desde o imposto que pagam sobre os cigarros até o salário mínimo que levarão para casa algum dia, passando pelo aluguel mensal que suga quase toda a renda dos seus pais. Eles nem precisam olhar além dos muros da prisão para ver seus efeitos. A política é a razão pela qual tantos presos sofrem maus-tratos e tão poucos funcionários são responsabilizados. "Você ainda acha que política não tem nada a ver com você?", pergunto.

Política capilar —Parte 1

髮政一

DIA 33 — SEGUNDA-FEIRA, 18 DE SETEMBRO DE 2017.

Além dos maus-tratos na prisão, raspar a cabeça é outra injustiça institucional que me deixa louco.

Em Pik Uk, todos os presos juvenis do sexo masculino estão sujeitos a raspar a cabeça quinzenalmente, de modo obrigatório e sem exceção. Nosso cabelo deve ser mantido mais curto do que o comprimento máximo arbitrário de seis milímetros. Duas vezes por mês, cerca de quarenta de nós são transformados em monges budistas contra a vontade.

Isso me lembra de uma contestação constitucional apresentada pelo deputado Leun Kwok-hung há três anos. Apelidado de "Cabeludo" por causa do seu característico cabelo na altura dos ombros, Leung foi um dos seis deputados que perderam seus mandatos no LegCo por causa do Oathgate. Pouco antes do Movimento dos Guarda-Chuvas irromper, ele foi preso por forçar a entrada em um evento político. Alegando discriminação de gênero, Leung levou o governo ao tribunal por cortar seu cabelo na prisão, enquanto as mulheres presas podiam manter seus cabelos longos. O Tribunal de Primeira Instância, o tribunal inferior do Tribunal Superior, abaixo do Tribunal de Apelação, decidiu a favor de Leung, mas o caso está atualmente pendente de recurso.*

---

* Em janeiro de 2019, o Tribunal de Apelação se recusou a ouvir o recurso de Leung, sob a alegação de que seu caso "não envolve questões de grande importância geral ou pública".

Entendo que os prisioneiros não devem ter a expectativa de gozar dos mesmos direitos que os cidadãos comuns e reconheço que manter curto o cabelo dos presos serve a um propósito prático, como erradicar piolhos. No entanto, não há motivo para que Pik Uk precise impor um requisito tão rigoroso, diferentemente dos outros presídios. Não consigo perceber nenhuma ameaça à segurança ou à saúde representada por presos masculinos ostentando, por exemplo, um corte de cabelo padrão de estudante.

O que mais me deixa chateado é o que aconteceu quando sugeri à administração penitenciária que a questão fosse levada ao conhecimento do juiz de paz encarregado dos assuntos penitenciários em sua próxima visita. Responderam com irritação e ameaças. O sargento Wong, responsável por minha ala, advertiu: "Se você tentar convencer até mesmo um preso a levar esse assunto adiante, posso acusá-lo de incitação para tumultuar a ordem do presídio".

A resposta de Wong me deixou atônito e revoltado. Revelou a total desconsideração das autoridades pelo bem-estar dos prisioneiros. Expressar minhas preocupações sobre raspar a cabeça a um juiz de paz estão dentro dos meus direitos, sendo exatamente o tipo de preocupação que é o propósito das visitas dele. Além disso, se esse é o nível de intimidação dirigido a alguém como eu, uma figura pública protegida de certa forma pela mídia, não consigo imaginar como um preso normal, sem conexões políticas, sofreria. Não é de admirar que muitos presos prefiram manter a boca fechada, independentemente das injustiças.

Em uma nota mais feliz, recebi duas dúzias de cartas hoje, muitas delas de amigos e colegas do exterior. Fiquei especialmente satisfeito de receber notícias de Anna Cheung, fundadora do grupo New Yorkers Supporting Hong Kong (NY4HK), que trabalha incansavelmente há anos para ajudar políticos pró-democracia, como Martin Lee e Anson Chan, que criaram o grupo Hong Kong 2020 para monitorar o progresso rumo à reforma constitucional de 2020, em encontros com políticos influentes do Ocidente. Desde o Movimento dos Guarda-Chuvas, Anne tem sido fundamental nas iniciativas do Demosistō para agir a favor do apoio da comunidade internacional.

Também recebi notícias de Jobie Yip, uma estudante de Hong Kong da London School of Economics, com quem fiz amizade depois de dar uma

ATO II ENCARCERAMENTO: CARTAS DE PIK UK

palestra na Universidade de Oxford, em 2015. Jobie esteve entre os estudantes estrangeiros que protestaram do lado de fora da embaixada chinesa em Londres durante o Movimento dos Guarda-Chuvas e foi a primeira pessoa a se filiar ao Demosistō depois da destituição de Nathan no LegCo no início deste ano. Foi uma decisão corajosa, considerando que o Oathgate barrou efetivamente qualquer pessoa do campo da autodeterminação das futuras eleições. Se ela tem alguma ambição política, sua filiação ao Demosistō é praticamente um movimento para o fim de sua carreira política.

Pessoas como Anna e Jobie, comprometidas com Hong Kong no exterior, são parceiras fundamentais em nossa luta pela democracia. Embora estejam distantes geograficamente, seus corações estão conosco e sua solidariedade tem sido um dos principais instrumentos por trás do esforço de aumentar a conscientização internacional sobre a situação política em Hong Kong. Além disso, são uma prova do impacto indelével do Movimento dos Guarda-Chuvas, que é sentido não só em Hong Kong, mas também em todo o mundo onde pessoas de Hong Kong podem ser vistas e ouvidas.

As mensagens dos amigos são um incentivo moral, mas as correspondências de estranhos costumam provocar o maior impacto emocional. Recebi uma carta de uma menina de 14 anos, que escreveu com uma bela caligrafia sobre como ela se sentiu em relação aos acontecimentos políticos recentes. Não costumo receber cartas de estudantes da escola secundária (caneta e papel parecem anacrônicos na era do WhatsApp e do Telegram) e, sem dúvida, ela dedicou muito esforço e tempo para elaborá-la. É sempre gostoso receber notícias de pessoas da mesma idade que eu quando comecei minha jornada no ativismo político.

Outra carta comovente veio de uma jovem mãe, cujo último parágrafo me fez chorar:

> Minha filhinha tinha apenas um ano quando meu marido e eu a levamos conosco em uma de suas manifestações contra o programa de Educação Nacional. Passamos a noite inteira no Almirantado, esperando que ela absorvesse a energia do local do protesto e crescesse para ser tão corajosa e íntegra como você.
>
> Isso foi há cinco anos e ela tem quase seis anos agora. Para nossa surpresa, ela ainda se lembra daquela noite no Almirantado como se fosse na

semana passada. Toda vez que passamos pelo local, ela aponta para o trecho da via expressa onde ficamos sentados durante horas. Ela chama você de "Irmão Almirantado" sempre que vê você no noticiário.

Na semana passada, perguntei se ela queria fazer algo para apoiar o "Irmão Almirantado", que foi preso por fazer o que ele acredita ser justo. Sugeri que ela fizesse alguns desenhos, já que ela adora desenhar. E aí estão eles, três desenhos da irmãzinha que você nunca conheceu.

Política capilar —Parte 2

髮政二

DIA 34 — TERÇA-FEIRA, 19 DE SETEMBRO DE 2017.

Hoje, li no jornal que Sulu Sou, ativista de 26 anos, tornou-se o deputado mais jovem em Macau, na eleição geral de domingo.

Macau é uma ex-colônia portuguesa que, como Hong Kong, voltou ao domínio chinês e se tornou uma região administrativa especial antes da virada do milênio. Mais conhecida por seus megacassinos, Macau também tem lutado pela liberdade de voto e combatido os dois males representados pela corporatocracia (governo das grandes empresas) e o compadrio político. Com uma população de menos de 700 mil habitantes (um décimo da de Hong Kong), a cidade carece de massa crítica de políticos experientes em favor de um movimento pró-democracia significativo.

Porém, em 2014, no mesmo ano em que Taiwan teve sua Revolução dos Girassóis* e Hong Kong testemunhou o Movimento dos Guarda-Chuvas, os cidadãos de Macau exerceram seu poder cívico e disseram "Basta!" para as injustiças políticas. Em maio daquele ano, 20 mil manifestantes tomaram as ruas para se opor a uma proposta de governo de enriquecer as elites governantes com generosos pacotes de aposentadoria. O governo

---

* A ocupação do Parlamento de Taiwan por uma coalizão de estudantes protestando contra a proposta de um acordo bilateral com a China (o Acordo Comercial sobre Serviços através do Estreito de Taiwan ou CSSTA, na sigla em inglês).

acabou desistindo do polêmico plano, e o episódio foi considerado a maior vitória da sociedade civil na história pós-transferência da soberania de Macau. Aproveitando a onda de conscientização política, Sulu conseguiu adquirir renome e ganhou aceitação popular.

Sua vitória eleitoral nessa semana é bastante encorajadora para todos nós, mas também sinto uma pontada de tristeza. A história de sucesso de Sulu me faz lembrar da dramática ascensão e queda política de Nathan, e a maneira pela qual o mais jovem deputado de Hong Kong ganhou e perdeu seu mandato no LegCo em apenas oito meses.

Enquanto isso, houve algum avanço na linha de frente da raspagem da cabeça. As autoridades de Pik Uk me concederam uma reunião com a alta direção nesta manhã. No encontro, os representantes tentaram justificar a prática mencionando preocupações de higiene e saúde, como a transpiração excessiva durante os meses de verão.

Ao pressioná-los sobre o limite de seis milímetros, admitiram que não há regras rígidas nas diretrizes escritas e que o comprimento foi acordado entre os funcionários simplesmente por "eficiência operacional". Disseram que entrariam em contato com outras prisões juvenis para determinar qual seria a melhor prática.

Respondi aos representantes de modo categórico. "O fato de os senhores precisarem verificar com outras prisões significa que Pik Uk não dispõe de um requisito específico de comprimento além do princípio geral de manter nosso cabelo curto. Em outras palavras, o máximo de seis milímetros é uma regra inventada, que acredito que os senhores deveriam parar de impor sobre nós". Os homens se entreolharam e declararam a reunião encerrada.

Perdendo meu companheiro de cela

失去囚友

DIA 35 — QUARTA-FEIRA, 20 DE SETEMBRO DE 2017.

A cada três meses, aproximadamente, há um remanejamento de presos em Pik Uk e os companheiros de cela são transferidos. A ideia é que os recém--chegados sejam juntados aos presos mais experientes, que lhes darão orientações. Ao mesmo tempo, quaisquer panelinhas ou alianças potencialmente perigosas podem ser desfeitas.

Nessa rodada de remanejamento, não só perdi o companheiro de cela ao qual me apeguei nas últimas cinco semanas, como também não enviaram nenhum novo companheiro para minha cela. Provavelmente, a administração penitenciária me vê como encrenqueiro demais para ser juntado a um novo companheiro sem contagiar sua mente. Ou isso ou acham que não serei um grande mentor quando se trata dos deveres prisionais.

Inicialmente, julguei que seria um prazer ter todos os 6,5 metros quadrados para mim. Afinal, em Hong Kong, você tem de pagar os olhos da cara para conseguir esse tipo de espaço. Mas depois de passar a primeira noite sozinho, percebi o quanto me senti só sem alguém com quem conversar à noite. Nas próximas semanas, terei que me acostumar a voltar para uma cela vazia depois do jantar; é a eterna questão de privacidade *versus* companhia.

Conheci Ah Sun há 35 dias. Não tínhamos muito em comum e nenhum de nós estava muito ansioso para se envolver com o outro. Fui criado como cristão em uma família de classe média e fui para uma escola com sistema de subsídio direto (escolar particulares subsidiadas pelo governo, que são consideradas de melhor qualidade que as escolas públicas geridas pelo governo). Ah Sun, como a maioria dos outros presos, vinha de um lar desfeito, abandonou a escola secundária e ingressou em uma gangue local. Quando ele se sentava para conversar em nossa cela, eu não conseguia entender metade da sua gíria de gangue. Eu me escondia em um canto lendo um jornal.

No entanto, com o tempo, assimilei cada vez mais a gíria e comecei a entender Sun melhor. Aprendi a parar de usar palavras em inglês no meu cantonês para soar menos elitista e empolado. Então, passamos a ficar sentados e conversar como se fôssemos da mesma gangue.

Acima de tudo, realmente cheguei a conhecer Ah Sun e sinto orgulho de chamá-lo de meu amigo.

Interrogatório pela Unidade de Segurança

保安組問話

DIA 38 — SÁBADO, 23 DE SETEMBRO DE 2017.

Descobri hoje que diversos presos com quem costumo me alimentar foram interrogados pelas autoridades da prisão. Depois que terminamos o check-up físico de hoje, cerca de doze deles foram escoltados pela Unidade de Segurança. Foram levados para uma sala, solicitados a revelar os detalhes das nossas conversas e advertidos de que causar confusão comigo poderia levá-los à prisão em solitária.

A Unidade de Segurança deve ter examinado as gravações das câmeras de vigilância do refeitório para identificar as pessoas as quais interrogar. Na verdade, raramente discutimos assuntos da prisão publicamente. Na maioria das vezes, conversamos sobre coisa aleatórias, como videogames, estratégias para exames e opções de carreira. Contudo, a administração está paranoica que a minha campanha contra a raspagem da cabeça possa ficar fora de controle e levar a uma rebelião total na prisão se não for contida. O incidente ecoa a conversa desagradável que tive com o sargento Wong alguns dias atrás, quando ele me ameaçou com acusações de incitação se eu envolvesse outros presos em meu ativismo na prisão. Também deixa claro a realidade de viver sob vigilância 24 horas, observado pelo Big Brother o tempo todo e em todos os lugares.

Sabendo que a área de visitação também é monitorada rigorosamente, não mencionei nada aos meus visitantes sobre as ameaças e o interrogatório.

DEMOCRACIA AMEAÇADA

Em vez disso, conversamos sobre notícias recentes e estratégias de campanha para as eleições suplementares.

Sozinho em minha cela vazia, refleti a respeito do que aconteceu em Pik Uk nesta última semana. Dei-me conta de que minha defesa enfática dos direitos dos presos pode ter colocado outros detentos em risco. Pensando em termos mais gerais, talvez todos os movimentos políticos que liderei ou de que participei nos últimos cinco anos tiveram o mesmo impacto sobre meus entes queridos. Sempre agi na suposição de que estou preparado para pagar o preço que for para lutar pelas minhas crenças, mas será que já parei para pensar na minha família e considerar a enorme pressão que minhas ações criaram, independentemente de quão nobres eram em minha mente? Será que já procurei o consentimento deles ou simplesmente aceitei como verdade absoluta o entendimento que eles tinham?

Assistindo ao *Hong Kong Connection*

看的《鏗鏘集》

DIA 40 — SEGUNDA-FEIRA, 25 DE SETEMBRO DE 2017.

Hong Kong Connection, um dos programas de atualidades mais antigos da tevê de Hong Kong, vai ao ar todas as segundas-feiras, às seis da tarde.

O episódio dessa semana era todo sobre ativistas na prisão. Estava animado para ver diversos membros do Demosistō sendo entrevistados, incluindo Derek Lam, Isaac Cheng e Jobie Yip. Foram gravados abrindo cartas de apoiadores endereçadas a Nathan e a mim. Vê-los conversando e trabalhando na tevê me fez sentir ainda mais a falta deles.

A maioria das cenas foi gravada em nosso novo escritório, que é bem menor do que o espaço de trabalho que tínhamos antes de Nathan perder seu mandato. Após o Oathgate, fomos despejados do prédio do LegCo e tivemos de sair correndo para encontrar um escritório de preço acessível.

Perto do final do episódio de trinta minutos, Derek disse:

Faz seis anos que Chi-fung e eu entramos na política. Fomos do quarto ano da escola secundária ao terceiro ano da universidade. Viramos ativistas porque queríamos fazer de Hong Kong um lugar melhor. Mas funcionou?

DEMOCRACIA AMEAÇADA

As palavras de Derek resumem a pergunta que a maioria dos ativistas tem muito medo de fazer: estamos fazendo alguma diferença?* A sociedade está mudando para melhor? Insistindo mais na pergunta de Derek: mesmo supondo que fizemos alguma diferença, vale a pena? E a que preço?

Talvez seja mais fácil para jovens como eu e Derek mergulharmos mais fundo no ativismo sem pensar duas vezes. Ainda vivemos com os nossos pais e não temos muitas preocupações financeiras ou responsabilidade familiar. O que temos a perder além de nossa liberdade?

Em contraste, pessoas como o professor Tai têm um conjunto diferente de fatores. Antes do Occupy Central, ele levava uma vida estável de classe média, lecionando em uma universidade importante e ganhando bem. Agora, o professor Tai não só enfrenta uma longa pena de prisão, mas também corre o risco de perder seu cargo na Universidade de Hong Kong e ser forçado a vender sua casa para pagar despesas judiciais crescentes. Por que uma pessoa racional faria esse tipo de sacrifício?

Não há muitas pessoas neste mundo pelas quais tenho admiração sem reservas. O professor Benny Tai é uma delas.

---

* De fato, muitos colegas de Joshua de Hong Kong se manifestaram contra a imposição do projeto de lei de extradição que levou aos protestos do verão de 2019, quando 1,7 milhão de pessoas — um quarto da população de Hong Kong — marcharam pacificamente contra o projeto. Como resultado das manifestações, e sob os olhares do mundo, Carrie Lam foi forçada a recuar, declarando o projeto de lei "morto" em 9 de julho de 2019 e anunciando sua retirada total em 4 de setembro de 2019.

O que a Praça Cívica significa para mim

公民廣場對我的意義

DIA 41 — TERÇA-FEIRA, 26 DE SETEMBRO DE 2017.

Ao me preparar para me deitar ontem à noite, vi pelo canto do olho uma forma negra se afastando do pé da minha cama. Antes mesmo que eu conseguisse reagir, a coisa desapareceu. Para meu alívio, o rato gigante — presumo que fosse isso — não voltou a aparecer e fui capaz de ter uma boa noite de sono.

Hoje é 26 de setembro, exatamente 16 dias antes do meu aniversário de 21 anos. Em outras palavras, só tenho mais 16 dias em Pik Uk antes de minha transferência para uma unidade prisional de adultos. Não iria tão longe a ponto de dizer que o tempo passa rápido, mas ter uma transferência para dividir minha pena de seis meses (quatro meses, supondo bom comportamento) faz com que pareça um pouco mais tolerável.

Tenho várias coisas para cuidar antes da minha transferência. Primeiro, tenho pilhas de documentos judiciais do meu recurso para examinar e organizar. Não desejo levar toda a papelada comigo, já que carregar malas cheias de documentos legais para a nova prisão chamará atenção desnecessária e suscitará preocupações com a privacidade. Preciso dedicar algum tempo para analisá-los antes de repassar tudo para os meus pais por segurança.

Em seguida, há mais de 200 cartas de apoiadores que já li, mas ainda não fiz nada com elas. Hoje, na visita dos meus pais, minha mãe disse que eu deveria guardar as cartas e tentar responder a todas elas, ainda que

DEMOCRACIA AMEAÇADA

brevemente. Ela afirmou que é isso que Nathan tem feito. Não é um mau conselho, sobretudo porque estão chegando alguns feriados, incluindo o Dia Nacional da China e o Festival do Meio do Outono, o que me dará muito tempo livre.

Desde o meu julgamento, os meus pais estão correndo para cima e para baixo por mim, trabalhando com meus advogados no recurso, pedindo uma adiamento na minha universidade e cuidando de todos os tipos de documentos e tarefas. Quando um jovem vai para a prisão, ele traz toda a família com ele. Não sei por onde começar a expressar meu agradecimento por tudo que meus pais fizeram por mim.

Parece que vou ter de incomodá-los por mais um motivo: existe a possibilidade de que Pik Uk tenha um dia de portões abertos, e a administração convide todos os pais para visitar as instalações e conhecer os funcionários. Acontece que as prisões juvenis organizam regularmente eventos de sensibilização para "reunir famílias". Os convidados fazem uma excursão pela prisão e são convidados a acompanhar longos discursos de representantes das unidades de reabilitação e orientação psicológica.

O dia de portões abertos culmina com um evento simbolicamente significativo: uma cerimônia do chá em que os presos preparam e servem chá aos pais. Esse ritual bastante forçado é seguido por 20 minutos de conversa franca entre o preso e a família sob os olhares atentos dos guardas.

Essas cenas costumam ser apresentadas em dramas da tevê local: um filho usando uniforme de presidiário se ajoelha na frente de pais lacrimejantes, arrepende-se do seu passado rebelde e promete que os deixará orgulhosos quando for libertado. Os funcionários da prisão observam com grande orgulho outra alma regenerada graças aos seus cuidados e orientações.

Embora esse modelo de reeducação possa funcionar para alguns presos, não acredito que se aplique a presos políticos, que sempre acreditarão em sua causa. Nenhuma quantidade de reabilitação pode fazer com que nos arrependamos. Mesmo assim, estou ansioso por isso. No mínimo, será uma oportunidade maravilhosa para passar algum tempo com meus pais sem ter uma divisória de vidro entre nós.

Hoje é o terceiro aniversário do cerco da Praça Cívica, o acontecimento que desencadeou o Movimento dos Guarda-Chuvas e foi um divisor de águas na minha vida. Essa hora, exatamente há três anos, em 26 de setembro de 2014, escalei uma cerca de metal perto da sede do governo, e chamei outros manifestantes a me seguirem. Fui atacado por uma dúzia de policiais e detido. Foi a minha primeira prisão, que resultou em minha primeira condenação criminal e pena de prisão.

O próprio nome do local — Praça Cívica — foi inventado durante minha campanha contra o programa de Educação Nacional em 2012. Antes disso, o espaço público circular indefinido era conhecido de modo pouco imaginativo como o jardim da ala leste da sede do governo. Tinha sido isolado com uma cerca de metal e, na noite da minha prisão, tentei recuperá-la. Desde então, muita história foi escrita naquela praça, e ela sempre terá um lugar especial no meu coração.

Operação Bauhinia Negra

黑紫荊行動

DIA 42 — QUARTA-FEIRA, 27 DE SETEMBRO DE 2017.

Meu coração bateu mais forte no jantar quando ouvi as palavras "Operação Bauhinia Negra" no noticiário. *Não me diga que o Departamento de Justiça também está prestando queixa por esse protesto!*, pensei.

A Bauhinia Dourada foi um presente do Partido Comunista quando Hong Kong foi devolvida à China em 1997. Todo dia 1º de julho, também conhecido como Dia da Transferência da Soberania (Handover Day), o governo realiza uma cerimônia de hasteamento de bandeiras na praça para comemorar a "reunificação" de Hong Kong com a terra natal.

Por volta das seis da manhã de 26 de junho de 2017, cerca de sete semanas antes da minha condenação, eu, Agnes e vários outros ativistas escalamos o monumento de seis metros de altura e cobrimos a Bauhinia Dourada com um imenso pano preto. Planejamos a operação antes da visita amplamente divulgada do presidente Xi Jinping para o vigésimo aniversário da transferência da soberania, demonstrando nossa oposição à crescente intervenção de Pequim nos assuntos de Hong Kong.

Se o Departamento de Justiça decidisse nos acusar por invasão de propriedade ou perturbação da ordem pública, seria o terceiro processo criminal que eu enfrentaria depois da acusação de reunião ilegal, por invadir a Praça Cívica, e de desacato à autoridade do tribunal, por violar a ordem judicial em Mongkok. Isso aumentaria meu tempo de prisão, e todo o meu cronograma iria por água abaixo.

Acabou se revelando um alarme falso. A reportagem mencionou Bauhinia Negra porque alguns dos manifestantes presos por causa da operação e que tiveram negada a fiança foram soltos pela polícia incondicionalmente. Mas ainda não estamos fora de perigo. O Departamento de Justiça "se reserva o direito" de prestar queixa contra nós no futuro, tal como fizeram com Alex, Nathan e eu, e também com o Occupy Central Trio, anos após o término do movimento.

O que o Departamento de Justiça faz está totalmente fora do nosso controle. Apenas o secretário da Justiça tem o poder e os recursos para fazer acusações criminais contra nós. As autoridades estão sempre no controle da situação, enquanto os ativistas só podem reagir aos seus caprichos. O que quer que o futuro reserve para mim, tenho que ficar focado e permanecer positivo.

Os livros me ajudaram a fazer as duas coisas. Acabei de ler *20th Century Chinese History*, publicado pela Oxford University Press, que disseca a China contemporânea das perspectivas macro (baseada na história) e micro (baseada em acontecimentos). Analisa as recentes revoltas políticas, incluindo os protestos na Praça da Paz Celestial, em 1989, através das lentes de um regime totalitário, sem justificar as ações da China, mas tentando entender seus motivos e mentalidade. Se não estivesse na prisão, eu não teria tempo nem paciência para ler um livro acadêmico denso como esse. Ter a oportunidade de ler é um dos lados positivos que me dá algum consolo.

Assim como é conhecer uma vasta gama de pessoas atrás das grades, como um preso vietnamita que conheci no pátio principal hoje. Ele tem aproximadamente a minha idade e foi preso no início deste ano por tráfico de drogas e entrada ilegal em Hong Kong. Ele se abriu para mim acerca de sua criação no Vietnã e os acontecimentos que o levaram por esse caminho. Até conhecê-lo e a outros presos condenados por acusações semelhantes, drogas ilícitas eram algo que eu só tinha ouvido falar por meio da campanha agressiva do governo "Aguente firme! Nocauteie as drogas". Estar aqui proporcionou contexto e nuances àquilo que a maioria das pessoas considera uma questão sem matizes.

Para: Sr. Joshua Wong

寄給：黃之鋒

DIA 43 — QUINTA-FEIRA, 28 DE SETEMBRO DE 2017.

Recebi uma carta incomum esta manhã. Chamou minha atenção porque foi dirigida ao "Sr. Joshua Wong" e não ao meu número na prisão. Deve ter levado alguns dias a mais para ser entregue porque a maioria dos funcionários da prisão nem sequer sabe meu nome cristão.

A carta veio da Comissão de Relações Exteriores do Senado dos Estados Unidos. Era uma carta conjunta de cinco senadores democratas e republicanos expressando solidariedade a mim, Alex e Nathan e condenando o governo de Hong Kong por processar manifestantes pacíficos. Tanto o selo do Senado norte-americano na parte superior da página, como as assinaturas com caneta tinteiro na parte inferior fizeram o pedaço de papel parecer pesado nas minhas mãos.

Apesar da onda de apoio sem precedentes recebida pelo Movimento dos Guarda-Chuvas em todo o mundo, o sufrágio universal para Hong Kong permanece completamente morto. Nos anos desde a revolta, Pequim resistiu e retirou o assunto do tabuleiro político. Sempre que recebo palavras de encorajamento de políticos e intelectuais do exterior, como a carta de hoje, isso aumenta as emoções conflitantes dentro de mim. Sinto que decepcionamos todo mundo.

Mas como Alex colocou sucintamente em uma carta recente:

Se o caminho para a democracia estivesse livre de obstáculos, Hong Kong teria alcançado a linha de chegada uma geração atrás e eu não escreveria para vocês da prisão. É precisamente porque o caminho está cheio de obstáculos que assumimos a responsabilidade de continuar a jornada inacabada.

Sei que sempre posso contar com o bom e velho Alex para me tirar de uma rotina mental.

Joshua e Caleb

約書與亞迦勒

DIA 44 — SEXTA-FEIRA, 29 DE SETEMBRO DE 2017.

Hoje, o dia passou rapidamente. Durante a manhã, fiquei na sala de computadores aprendendo a usar o Adobe Illustrator e, durante a tarde, recebi visitas. Quando voltei ao pátio principal para fazer exercícios em grupo, já era quase hora do jantar.

Hoje, meus advogados trouxeram notícias importantes. Finalmente, foi marcada uma data para a leitura da sentença do meu processo judicial de desacato no protesto em Mongkok: a segunda semana de outubro. Segui o conselho dos meus advogados para ingressar com reconhecimento da culpa por violar uma ordem judicial e agora está nas mãos do juiz decidir como e onde vou passar os próximos meses. Se a sorte estiver do meu lado, receberei uma suspensão da sentença ou poderei cumprir simultaneamente minha sentença atual e a sentença de desacato. Procuro não pensar muito sobre isso. Sei que falsas esperanças podem ser devastadoras.

Entre as cartas que recebi hoje, havia uma de Raphael Wong, amigo e um dos NNT Thirteen atualmente cumprindo pena na prisão. Ele escreveu:

> Você se lembra daquela noite em 2014? Você, eu e todos aqueles jovens do Escolarismo e da Federação dos Estudantes; todos nós queríamos achar um jeito de energizar os manifestantes no Almirantado. No final, decidimos

invadir a Praça Cívica, mas você foi preso e eu não. E ainda assim aqui estamos nós. Ambos acabamos atrás das grades. Acho que é o destino.

Se você é Joshua, então devo ser Caleb.* Juntos, podemos levar adiante o movimento pró-democracia e levar Hong Kong à Terra Prometida!

Raphael e eu somos cristãos. Ele sabe que meus pais me deram o nome de Joshua (Josué) em homenagem ao profeta que levou os israelitas à terra prometida de Canaã após a morte de Moisés. Meus pais não estavam pensando em liderança política quando escolheram o nome, mas queriam que eu fosse um cidadão honrado, que age corretamente e inspira os outros a fazer o mesmo. Desde que meus pais me contaram a história de Josué, fiz o meu melhor para não decepcioná-los.

De acordo com o Livro dos Números, no Antigo Testamento, Calebe e Josué trabalharam lado a lado para investigar a nova terra para uma possível colonização. Notoriamente, trouxeram um imenso cacho de uvas de Canaã para convencer os israelitas de que era a terra prometida que estavam procurando havia mais de quarenta anos.

Raphael está sendo humilde ao se referir a si mesmo como Calebe. Ele fez sacrifícios pessoais significativos por Hong Kong. Além da sentença de nove meses que está cumprindo atualmente, ele enfrenta duas outras acusações criminais: uma por incitar outras pessoas a participar do Movimento dos Guarda-Chuvas e outra por violar uma ordem judicial para evitar a zona de protesto em Mongkok; a mesma acusação de desacato à autoridade do tribunal pela qual estou sendo processado.

No passado, os partidos políticos pró-democracia tiveram suas diferenças. Ainda que lutemos pela mesma causa, os conflitos interpessoais e as discordâncias ideológicas costumam atrapalhar. De vez em quando, Raphael e eu discutimos sobre estratégia e direção. Mas com tantos de nós trancados na prisão, é hora de deixarmos de lado nossas diferenças e trabalharmos juntos e não uns contra os outros.

---

* Josué e Calebe, em português. Calebe foi um dos doze espiões enviados à terra de Canaã. Dos doze, apenas ele e Josué voltaram com boas notícias acerca do país que iam habitar. (N. T.)

A prisão como arte experiencial

模擬監倉

DIA 46 — DOMINGO, 1º DE OUTUBRO DE 2017.

Segui o conselho da minha mãe e passei o dia livre respondendo às cerca de 200 cartas dos apoiadores. Sabia que não seria capaz de terminar o trabalho antes da minha transferência, mas tinha que começar em algum lugar. Os outros presos se mantiveram ocupados assistindo a *Kung-fusão*, provavelmente o último bom filme de Stephen Chow antes que ele começasse a despejar filmes "coproduzidos" com estúdios chineses do continente.

Não tinha me dado conta de que hoje era o Dia Nacional da China até ouvir os discursos comemorativos velhos e cansados e o hino nacional ressoando na tevê. No noticiário, vi os manifestantes cercando a Bauhinia Dourada, alguns segurando cartazes que diziam "Presos políticos livres". Também vi imagens de uma marcha de solidariedade pela Hennessy Road e a câmera deu um zoom nos membros do Demosistō. Vi a demosistiana Tiffany Yuen carregando uma faixa e gritando "Rimsky Yuen, demita-se!". Se não fosse a decisão do secretário de Justiça de recorrer de nossas sentenças originais (contra a recomendação de sua equipe, devo acrescentar), Alex, Nathan e eu estaríamos nas ruas marchando com o resto da multidão.

As imagens me fizeram querer procurar mais notícias sobre o Demosistō nos jornais e fiquei feliz em encontrar dois artigos no *Apple Daily* de hoje. O primeiro descrevia os últimos resultados de um projeto de pesquisa em andamento que realizamos em parceria com um grupo chamado

Liber Research Community, organização sem fins lucrativos que realiza pesquisas independentes sobre o desenvolvimento social de Hong Kong. "Decoding Hong Kong's History" ["Decifrando a História de Hong Kong"] envolve dezenas de voluntários e estudantes universitários debruçados sobre materiais de arquivo aqui e no Reino Unido documentando as discussões sobre o futuro de Hong Kong durante as negociações sino-britânicas de transferência da soberania na década de 1980.

Um dos documentos mostra que Maria Tam, advogada e política que se tornou fervorosa partidária de Pequim e pária política, certa vez pediu ao governo britânico que publicasse relatórios periódicos para monitorar a situação de Hong Kong sob domínio chinês; um gesto que seria considerado altamente antipatriótico e até subversivo na Hong Kong de hoje. O fato de nosso projeto de pesquisa continuar a divulgar revelações surpreendentes e atrair a cobertura da mídia me deixa muito orgulhoso.

O segundo artigo era sobre uma manifestação de rua realizada pelos membros do Demosistō ontem, em um esforço para aumentar o comparecimento na marcha de solidariedade de hoje. Uma fotografia mostrava dois dos nossos membros (não consegui reconhecer seus rostos) vestidos com uniforme de presidiário e agachados dentro de uma cela de papel machê. Era uma maneira simples, mas poderosa, de permitir ao público visualizar o que significa jovens serem encarcerados como criminosos perigosos e perceber que a prisão política não é mais uma ideia abstrata que pode ser ignorada.

Temporada de bolos lunares

月餅季節

DIA 48 — TERÇA-FEIRA, 3 DE OUTUBRO DE 2017.

O Festival do Meio do Outono é algo muito importante em Hong Kong. É o equivalente cultural do Dia de Ação de Graças nos Estados Unidos, noite em que as famílias se reúnem para um grande banquete seguido de um ou dois bolos lunares.

Para compensar a separação de nossos entes queridos nessa ocasião especial — que é amanhã —, a prisão preparou pratos especiais para nós. Além de peixe grelhado e um ovo cozido para o jantar desta noite, cada um de nós recebeu uma coxa de frango do tamanho de um cartão de crédito. Claro que não era nada parecido com o tipo de coxa de frango suculenta e gordurosa que você consegue em uma banca de comida de rua, mas aqui na prisão o presente surpresa contribuiu muito para fazer o dia parecer mais festivo.

Então, fomos informados de que cada um de nós receberia um bolo lunar amanhã à noite. Era um gesto simpático, embora eu considere a ideia de dar bolos lunares na prisão um tanto estranha. Todo chinês cresce ouvindo a história de que os bolos lunares foram usados pelos revolucionários para derrubar o domínio mongol no final da dinastia Yuan. Em um Festival do Meio do Outono, há cerca de 700 anos, os rebeldes colocaram mensagens secretas nos bolos assados para ludibriar as autoridades e promover uma revolta bem-sucedida contra os mongóis. Pergunto-me se a ironia de dar esses doces subversivos se perde na administração penitenciária.

Hoje mais cedo, dois novos presos chegaram a Pik Uk, o que significa que não serei mais o único recém-chegado a fazer toda a varrição das áreas comuns. Isso significa que também receberei ajuda para carregar escada acima as pesadas garrafas de leite, da cozinha até as celas no quarto andar. Veja bem, quando digo "leite", não me refiro ao tipo de leite fresco que as pessoas pegam na geladeira do supermercado. Aqui, preparamos o leite misturando uma quantidade exagerada de água com uma porção parcimoniosa de leite em pó. Basicamente, é água de cor branca. Previsivelmente, os presos não o estão bebendo gulosamente.

Sentença no meu aniversário de 21 anos

二十一歲生日的判刑

DIA 49 — QUARTA-FEIRA, 4 DE OUTUBRO DE 2017.

Soube pelo noticiário de hoje que a leitura da sentença referente ao processo judicial de desacato foi marcada para 13 de outubro, que por acaso é o dia do meu aniversário de 21 anos. Não é algo mau, já que significa que poderei ver alguns rostos familiares: a família, os membros do Demosistō, os advogados e outros ativistas.

Por razões logísticas, a administração penitenciária adiou minha transferência para a Prisão de Stanley, unidade prisional de adultos, em uma dia. Isso significa que, em 14 de outubro, um dia depois que eu atingir a maioridade legal, vou me despedir dos presos juvenis aqui e ser transportado de ônibus de Pik Uk carregando uma pequena sacola de pertences pessoais e uma grande sacola de *junk food* que pretendo comprar para gastar meu salário de outubro.

Passei grande parte do dia de hoje analisando a cópia impressa de 200 páginas do Facebook que Senia Ng me enviou. Li o post comovente de Tiffany descrevendo como ela está lidando com a prisão de Nathan (os dois membros do Demosistō estão namorando há anos), e também seus esforços para adiar a tentativa do Departamento de Educação de camuflar assuntos delicados, como os protestos da Praça da Paz Celestial, do currículo da escola secundária.

Também havia um post sobre a viagem de Derek a Londres junto com três deputados da pan-democracia — Eddie Chu, Ray Chan e Ted Hui — para um encontro com representantes do Ministério das Relações Exteriores do Reino Unido. Foi a primeira visita desse tipo nos últimos tempos e um passo importante para estabelecer relações mais estreitas com governos estrangeiros, chamando a atenção do mundo para a situação em Hong Kong.

Também fiquei animado ao ler sobre um nova equipe de apresentadores no popular programa *Demosistō Student Union*, programa semanal na rádio D100. No passado, Nathan, Derek e eu — sendo os membros mais antigos do partido — sempre participávamos do programa. Agora que nós três estamos na prisão ou prestes a ir, abre-se a oportunidade para membros mais novos conseguirem algum tempo no ar e aprimorar suas habilidades de falar em público. Em termos de inspirar a próxima geração de liderança, é algo bom.

Últimos dias com os presos

與囚友的最後幾天

DIA 50 — QUINTA-FEIRA, 5 DE OUTUBRO DE 2017.

Estamos no outono. A temperatura caiu e todos nós vestimos nossas camisetas azuis em vez de ficar sem elas como ficamos nas últimas semanas. Em Hong Kong, todos preferem o tempo frio ao calor sufocante do verão.

Ontem foi o dia do Festival do Meio do Outono, o que faz de hoje um feriado (a ideia é dar às pessoas um dia para descansar após uma noite de festividades). Em Pik Uk, os feriados públicos funcionam como domingos. Ficamos sentados sem fazer nada no refeitório toda a manhã e ficamos na sala de aula toda a tarde. Para tomar um pouco de ar fresco e me mexer um pouco, decidi ir dar uma corrida leve no pátio principal.

Recebemos pratos especiais na hora das refeições durante três dias consecutivos. No jantar de ontem, fomos surpreendidos com peras chinesas, rolinhos primavera e cachorros-quentes. Hoje de manhã, recebemos um pacote de presente cheio de salgadinhos, lulas secas e bolachas. Dentro havia uma mensagem da Christian Prison Pastoral Association (Associação Cristã da Pastoral Carcerária) com um conto sobre a crucificação de Cristo, diversas escrituras do Novo Testamento e uma papeleta de resposta. Os presos são incentivados a preencher a papeleta para solicitar uma visita pastoral ou alguma literatura religiosa e também a ticar um quadradinho para "render-se a Jesus Cristo e torná-Lo meu Salvador". Pergunto-me quantos presos leram a mensagem e quantos simplesmente a jogaram fora com a embalagem.

Há semanas estamos grudados na tevê, assistindo a uma série policial da TVB chamada *Line Walker 2*. O astro da tevê Moses Chan interpreta Sr. Black, temível chefão do crime organizado. No episódio de hoje (na prisão, assistimos a um episódio atrás da transmissão ao vivo), Sr. Black foi alvejado três vezes à queima-roupa por um assassino. Ou ele estava usando um colete à prova de balas e sobreviverá aos tiros, ou a TVB está disposta a matar o ator principal da série, o que é bastante improvável. Suponho que descobriremos amanhã.

Os presos ficaram empolgados por causa da cena final quando o Sr. Black se jogou na frente dos seus irmãos de gangue e levou três tiros do assassino. Durante o intervalo comercial, todos conversaram entre si para se gabar de suas próprias experiências de quase morte, trocando histórias a respeito de correr mais rápido que a polícia e usar mensagens criptografadas para fechar negócios.

O que eles omitiram — e só descobri depois a partir de conversas a sós — foi que a maioria acabou na prisão porque foi traída por seus líderes. Aqueles na base da hierarquia da gangue costumam acabar sendo os bodes expiatórios "sacrificados pela equipe". Não importa a quantidade de programas de tevê e filmes em Hong Kong que glamorizam as Tríades, não há falta de covardia e hipocrisia na hierarquia das gangues.

Também fiquei sabendo que a maioria dos presos decidiu ingressar em gangues por razões financeiras; eles precisavam pôr comida na mesa, sobretudo aqueles que estavam afastados dos seus pais. É completamente diferente da narrativa do governo que afirma que os jovens escolhem se tornar membros de gangues porque querem parecer legais ou porque foram reprovados na escola e precisam encontrar algo para fazer.

Outra coisa que fiquei surpreso ao descobrir foi que sou a única pessoa em toda a prisão juvenil que possui um nome cristão. Enquanto a maioria das pessoas em Hong Kong é conhecida por seus nomes em inglês e gosta de misturar palavras em inglês em suas conversas diárias, esse não é o caso na prisão. De fato, há presos que nem sequer sabem o alfabeto. Hoje de manhã, quando mencionei o fato de que sentia falta de tomar chá com leite no "weekend" (fim de semana), a resposta que recebi foi: "Chi-fung, sem mais palavra em inglês, ok? Fale cantonês, por favor!".

Última carta de Pik Uk

獄中札記

DIA 53 — DOMINGO, 8 DE OUTUBRO DE 2017.

Aos meus apoiadores:

Em alguns dias, completarei 21 anos e serei transferido para uma unidade prisional de adultos, onde cumprirei o restante da minha pena.

Passei 50 dias em Pik Uk. Todos os dias, marcho, limpo, vou para a aula, como e vou dormir. É um ciclo contínuo, que fica se repetindo. Os prisioneiros devem seguir ordens rigorosas, em um ambiente projetado para eliminar o pensamento independente e o livre-arbítrio. Toda decisão aqui é tomada para nós por uma autoridade inabalável. Essa é a pior coisa a respeito de estar na prisão.

A Bíblia nos ensina que o "sofrimento produz perseverança; a perseverança produz caráter; e o caráter produz esperança" (Romanos 5:3-4). Para tirar o melhor de uma situação ruim, fiz amizade com dezenas de presos em Pik Uk. Eles me proporcionaram uma compreensão mais profunda dos problemas sociais enfrentados por pessoas da minha idade. Também fiz o possível para combater as injustiças institucionais, desde maus-tratos físicos até raspagem obrigatória da cabeça. Embora tenha sido ameaçado de represália por me manifestar, permaneço determinado e comprometido em garantir justiça e dignidade para todos.

Da campanha contra o programa de educação nacional ao Movimento dos Guarda-Chuvas, do Escolarismo ao Demosistō, da primeira manifestação que liderei em 2012 à minha prisão em 2017, os últimos seis anos foram nada menos que uma montanha-russa. Acredito que há um lado positivo na minha prisão. As últimas sete semanas me deram a oportunidade de dar um passo para trás e refletir sobre minha jornada de ativismo, fazer um balanço dos erros cometidos e das lições aprendidas, ler mais livros para me aperfeiçoar e agradecer às pessoas que caminharam comigo ao longo do percurso.

Muitos comentaristas, principalmente aqueles da imprensa internacional, atribuem o Movimento dos Guarda-Chuvas e o despertar político engendrado por ele às iniciativas de alguns estudantes ativistas como eu, Nathan e Alex. Mas nada está mais longe da verdade. Os verdadeiros heróis que merecem o crédito são as pessoas incríveis de Hong Kong, que durante décadas se apoiaram e lutaram pela democracia, contra tudo e todos.

Mas precisamos da ajuda dessas pessoas mais uma vez. Precisamos que todo cidadão de Hong Kong direcione sua energia, perseverança e compromisso com a não violência para a construção de uma sociedade civil mais robusta. Na hora que a próxima revolta chegar (sob qualquer forma que possa assumir), estaremos mais bem posicionados para aproveitar ao máximo a oportunidade e usá-la para nos aproximar de nosso objetivo.

Nos últimos 50 dias, recebi mais de 770 cartas de apoiadores de todo o mundo. Alguns deles eram de autoproclamados "fitas azuis", que se opuseram ao Movimento dos Guarda-Chuvas. Suas palavras de encorajamento, apesar de suas tendências políticas, são uma grande prova de que, se continuarmos a demonstrar ao público que nossos motivos são puros e desprendidos, mesmo aqueles que discordam de nós podem mudar de ideia.

De uma semiautonomia a uma semiautocracia, Hong Kong ingressou em uma nova era de opressão política. Perder a fé agora é deixar que nossos adversários tenham a última palavra. Mas se cada um fizer a sua parte, juntos os nossos esforços equivalerão a uma força a ser considerada. O arco da história se curvará para nós se persistirmos por tempo suficiente.

Joshua Wong
Prisão de Pik Uk

Presença de Deus

主的同在

DIA 57 — QUINTA-FEIRA, 12 DE OUTUBRO DE 2017.

Hoje é o meu último dia como menor de idade.

Na véspera de um momento importante da minha vida, fiquei emocionado ao receber um cartão de aniversário assinado por cerca de 30 pastores e líderes da minha igreja. Fiquei particularmente inspirado pelas palavras do reverendo Yiu:

A presença de Deus transcende os muros da prisão
Que a graça de Deus liberte você onde quer que você esteja

Frequento a mesma igreja desde os três anos de idade. O próprio edifício é uma daquelas estruturas do patrimônio histórico que acomoda mil pessoas, e a congregação é composta principalmente por famílias de classe média do bairro. É um local de culto comum como qualquer outro em Hong Kong.

Com algumas exceções notáveis, como o reverendo Chu (integrante do Occupy Central Trio), os líderes religiosos tendem a se manter longe da política. Os pastores costumam evitar tópicos sensíveis sob a alegação de que precisam servir fiéis de todas as orientações políticas. Cinco anos atrás, durante minha campanha contra o programa de Educação Nacional, senti resistência e até desaprovação dos mais velhos da igreja, o que foi decepcionante, considerando que sempre os tratei como minha segunda família.

Devo assinalar que nem todos na minha igreja compartilham essa atitude e alguns apoiam abertamente o meu ativismo. Também entendo por que os outros são céticos, já que religião e política não costumam combinar, e eles simplesmente não sabem o que fazer com um jovem vociferante, que faz carreira questionando as autoridades. Além disso, como um pastor pode oferecer orientação significativa se não tem domínio firme sobre as questões políticas subjacentes?

O despertar cívico causado pelo Movimento dos Guarda-Chuvas é generalizado e irreversível. Minha preocupação é que, se as igrejas em Hong Kong não evoluírem com a mudança do cenário político, correm o risco de perder seus fiéis. Esse problema só cresce à medida que a sociedade se torna mais polarizada e os fiéis da igreja exigem que seus líderes religiosos se posicionem. Em algum momento, mesmo os membros mais leais vão dar as costas e ir embora, encontrando uma alternativa onde suas opiniões e queixas políticas sejam ouvidas.

Ouvi dizer que a data da minha transferência foi marcada para segunda-feira, 16 de outubro. Conforme solicitado, serei transferido para uma ala de não fumantes na Prisão de Stanley. Uma das maiores vantagens de estar em uma unidade prisional de adultos é que não será mais necessário fazer as terríveis marchas matinais. De fato, fiz minha última marcha hoje de manhã e, mesmo depois de todo esse tempo, ainda não consegui marchar direito. Tenho dificuldade em lembrar até as instruções básicas de marcha em inglês, que soam engraçadas gritadas pelos nossos sargentos de língua cantonesa. Quem diria que "lap-wai-lap" é na verdade "esquerda-direita-esquerda", que "tsing step" é "trocar passo" e "fee see" é "descansar"? Minha pronúncia em inglês não é perfeita, mas até eu posso dizer que os sargentos estão assassinando a língua. Dicção à parte, nunca vou entender por que "trocar passo" significa bater o pé direito no chão; a instrução não tem absolutamente nenhuma conexão com a ação.

Mas nas prisões tudo se resume a manter as aparências. As marchas matinais são mostradas aos visitantes importantes como a personificação máxima da disciplina e da ordem. Quando há um juiz de paz ou um agente penitenciário graduado no local, precisamos nos alinhar como garotos de escola e gritar nossas respostas em uníssono.

Certa vez, um VIP veio visitar a prisão e eu avistei um ninho de pássaro misterioso no corredor do lado de fora de uma das salas de aula. Quando lhe perguntaram o motivo, o guarda da prisão disse: "Colocamos o ninho lá para mostrar ao nosso estimado visitante que os presos de Pik Uk têm bastante contato com a Mãe Natureza".

Em 16 de outubro de 2017, Joshua foi transferido para a Prisão de Stanley, um presídio de segurança máxima de adultos.

Azul *versus* Amarelo

藍絲黃絲

DIA 66 — SÁBADO, 21 DE OUTUBRO DE 2017.

Sábado é um dia de trabalho em uma prisão de adultos. Para mim, isso significa mais banheiros para limpar.

Decidi pular o café da manhã e o almoço todos os dias até minha libertação. Quero poupar meu apetite para a comida de verdade do lado de fora. Comida de verdade com amigos e familiares.

Alguns companheiros de cela me disseram hoje que o clima mudou por aqui desde a minha chegada. Disseram que os funcionários estão mais atentos e nervosos. Regras que geralmente não são aplicadas, de repente estão sendo levadas muito mais a sério.

Por exemplo, por causa da diversidade de presos, os caucasianos recebem refeições ao estilo ocidental; os sul-asiáticos recebem naan (pão indiano) e curry, e assim por diante. Os chineses não étnicos costumam trocar alimentos para fins de variedade e como atividade de vínculo social. Ainda que as diretrizes da prisão proíbam o compartilhamento de alimentos (talvez para impedir que os presos o utilizem como moeda de troca para negociar outras coisas), os guardas geralmente fazem vistas grossas. Afinal, qual é o mal de alguns caras compartilharem comida? Mas tudo isso parou desde que cheguei aqui, e os guardas estão patrulhando o refeitório quase todos os dias para garantir que isso não aconteça.

A diversidade dos presos vai além do étnico; também há uma grande variedade de opiniões políticas. Os prisioneiros mais jovens tendem a ser "fitas amarelas", ou seja, apoiadores do movimento pró-democracia. Muitos deles se abriram comigo a respeito do seu envolvimento no Movimento dos Guarda-Chuvas e dos protestos subsequentes. No entanto, também há muitos "fitas azuis" incondicionais. Ontem, alguém da Unidade de Segurança me levou para um lado e me disse que alguns caras mais velhos da oficina tinham me vaiado e gritaram "traidor" quando passei. Eu não os ouvi, mas não estou surpreso.

Hoje, recebi cartas de alguns colegas de classe da universidade. Começamos no mesmo ano e agora eles estão prestes a se formar. No verão do próximo ano, começarão a trabalhar em seus primeiros empregos e receberão seus primeiros contracheques. Estarão escalando a hierarquia corporativa e avançando na vida.

Em contraste, acabei de adiar meus estudos por mais seis meses, o que coloca minha data de formatura mais cedo possível em maio de 2020. E depois? Política é tudo que quero fazer e, para ser honesto, é tudo o que posso fazer. Nenhuma empresa ou departamento do governo jamais ousará se aproximar dessa pedra no sapato de Pequim. Essa é a dura realidade de ser um ativista em Hong Kong.

Caminho para a democracia plena

香港的民主路

DIA 67 — DOMINGO, 22 DE OUTUBRO DE 2017.

Desde setembro, o referendo da independência da Catalunha tem sido notícia quase todos os dias. O movimento alcançou um pico essa semana e o canal de notícias 24 horas mostrou as mesmas imagens dos grandes protestos de rua em Barcelona ao longo do dia. Quanto mais fico sabendo das demandas do povo catalão, mais sinto que temos algo em comum.

Não estou falando da independência de Hong Kong. Nunca a defendi no passado e não vou defendê-la agora. Estou me referindo à semelhança entre os esforços da Catalunha para reafirmar sua identidade cultural e política e a própria luta de Hong Kong para fazer o mesmo sob a sombra da China Comunista. Muitas questões que enfrentamos em Hong Kong, desde a crescente intervenção pelo governo central até a marginalização de nossa língua materna e a perseguição de ativistas políticos, parecerão tão familiares para um catalão quanto para um honconguês.

Não há falta de apoio popular na Catalunha pela resistência contra Madri. A participação nos protestos de rua é sempre enorme, apesar da ameaça de violência e prisão. No entanto, o que falta ao movimento é o apoio da comunidade internacional. Na ausência de aliados importantes, como governos estrangeiros e a União Europeia, é difícil imaginar que o movimento catalão prevalecerá no futuro próximo.

A mesma lição se aplica à nossa luta pró-democracia. Confrontada com a autocracia mais poderosa do mundo, Hong Kong deve procurar apoio em todo o mundo, independentemente de nossas demandas, seja sufrágio universal ou alguma forma de autodeterminação. É por isso que tornei as interações e as parcerias internacionais uma prioridade máxima para o Demosistō. Espero que os outros partidos políticos da pan-democracia também vislumbrem isso e trabalhem conosco para encontrar aliados no exterior.

Mudando de assunto, um companheiro de cela gravou o filme do domingo passado exibido na TVB Pearl e toda a cela vibrou quando soube que era *Vingadores: Era de Ultron*. Embora já tivesse assistido no cinema, sendo um fã inveterado de super-heróis que viu todos os filmes da Marvel e da DC (alguns mais de uma vez), fiquei tão animado quanto todos os outros presos. Ver o logotipo da Marvel no início do filme foi suficiente para me deixar todo arrepiado. Já fiz uma anotação mental para assistir ao último filme do Thor assim que sair daqui.

Último dia

最後一天

DIA 68 — SEGUNDA-FEIRA, 23 DE OUTUBRO DE 2017.

Meu último dia na prisão chegou e foi como qualquer outro. Passei o dia lendo os jornais, lavando os banheiros e assistindo a um pouco de televisão com meus companheiros de cela. É apropriado que eu tenha terminado de ler a biografia de Malala pouco antes da minha libertação. Com o livro nas mãos, não pude deixar de me sentir afortunado e sensibilizado de ser capaz de seguir minhas crenças e viver meus sonhos — por mais absurdos que parecessem — e deixar uma marca na história.

No momento em que for solto, terei passado 69 dias atrás das grades. Embora esses 69 dias sejam uma mera nota de rodapé em nossa luta de décadas pela democracia, representam um marco importante em minha jornada de sete anos de ativismo político. A prisão me privou da liberdade, mas também me deu muitas coisas: tempo para refletir, espaço para crescer e lembranças que durarão toda a vida. Além disso, sairei da prisão mais forte e mais comprometido com a nossa causa do que nunca.

Em muitos países, a luta pela liberdade e pela democracia coloca a segurança e até vidas em risco. Como meu companheiro de cela paquistanês salientou com razão, o custo do ativismo em outros lugares é muito maior do que o que enfrentamos em Hong Kong.* No entanto, isso pode mudar

---

* A situação em Hong Kong se deteriorou rapidamente desde a prisão de Joshua em 2016. Ver Ato III, Capítulo 1, *A crise do projeto de lei de extradição*.

rapidamente, como testemunhamos com a condenação dos "13 mais 3". Mais uma razão para fazermos o máximo progresso e gerarmos o máximo impulso enquanto ainda podemos, antes que o custo da resistência se torne proibitivamente alto. Não temos desculpa para não fazer e devemos às gerações futuras pelo menos tentar.

Este será meu último registro no diário, pelo menos por enquanto. Voltarei para o interior desses muros em breve. Nossa luta está longe de terminar.

ATO III

A ameaça à democracia global

"Injustiça em qualquer lugar é uma ameaça à justiça em todos os lugares."

—MARTIN LUTHER KING JR.

CAPÍTULO 1

A crise do projeto de lei de extradição:
Uma tendência global de democracia baseada no cidadão

逃犯條例危機：公民民主的全球趨勢

Muita coisa aconteceu em Hong Kong desde o meu primeiro encarceramento.

Se eu comparasse nossa luta épica por liberdade e democracia à trilogia original de *Star Wars*, os dois anos desde a minha prisão em 2017 seriam uma versão prolongada da parte intermediária: *O Império Contra-Ataca*. Enquanto a Resistência ainda estava se reorganizando e se recuperando da última revolta política, a Frota Imperial, liderada pela nova chefe-executiva Carrie Lam, iniciou um contra-ataque total à sociedade civil.

Em janeiro de 2018, três meses depois que saí da Prisão de Stanley, as autoridades eleitorais impediram que Agnes Chow, porta-voz do Demosistō, concorresse na eleição suplementar para preencher o cargo vago no LegCo resultante da destituição de Nathan. A proibição se deu sob a alegação de que a posição de autodeterminação do Demosistō era subversiva e estava em desacordo com a Lei Básica. O anúncio veio depois que Agnes já tinha renunciado à cidadania britânica para concorrer ao cargo, significando que o sacrifício que ela fizera contra a vontade dos seus pais foi em vão. Quando lhe apresentei meu pedido de desculpas, ela disse, sem um pingo de arrependimento: "Já sou grandinha. Sabia no que estava me metendo. Além disso, não se habitue a pedir desculpas por coisas que o governo nos fez".

E as más notícias continuaram chegando. Em abril, após meses de extenuantes julgamentos judiciais, nove ativistas importantes envolvidos no Movimento dos Guarda-Chuvas foram condenados por acusações de

DEMOCRACIA AMEAÇADA

perturbação da ordem pública e de incitação. Enquanto alguns receberam suspensões da sentença ou sentenças de prestação de serviços comunitários, os professores Benny Tai e Chan Kin-man, do Occupy Central Trio, foram condenados a 16 meses de prisão, enquanto "Garrafa" Shiu Ka-chun e Raphael Wong receberam sentenças de oito meses.

Então, em julho, o Departamento de Segurança adotou uma medida sem precedentes, banindo um partido político, o Partido Nacional de Hong Kong, por sua posição pró-independência. Menos de uma semana depois, o governo deportou Victor Mallet, jornalista do *Financial Times*, por receber o fundador do partido banido para uma palestra no Clube de Correspondentes Estrangeiros. Foi a primeira expulsão de um correspondente estrangeiro por motivos políticos na história da cidade.

Ao excluir a oposição da Assembleia Legislativa e prender as pessoas quando saíam às ruas, o governo de Hong Kong estava forçando seus opositores a buscar opções mais radicais. Ninguém além dos nossos líderes políticos, que agem sob as ordens do Partido Comunista Chinês, é responsável por empurrar os cidadãos para formas mais violentas de resistência, desestabilizando a cidade no processo. Como ativistas, nosso desafio é encontrar o delicado equilíbrio entre princípios e resultados, meios e fins. O que mais podemos fazer quando o nosso direito à participação política é negado e os protestos pacíficos são repetidamente ignorados? Quanta violência, se for o caso, pode ser tolerada para promover a nossa causa sem afastar a sociedade de Hong Kong e a comunidade internacional?

Não tivemos que esperar muito até confrontarmos essas perguntas. Em junho de 2019, logo após o trigésimo aniversário do Massacre da Praça da Paz Celestial e quase cinco anos depois que o Movimento dos Guarda-Chuvas levou os habitantes de Hong Kong para as ruas, a cidade ficou mais uma vez atolada em distúrbios políticos. Um polêmico acordo de transferência de fugitivos com a China, apresentado pelo governo, deflagrou uma nova rodada de protestos em larga escala. O que se seguiu foi algo que ninguém — nem o campo pró-democracia, nem o governo de Carrie Lam, e, sem dúvida, nem a liderança comunista em Pequim — poderia ter imaginado.

No olho do furacão, havia uma proposta do governo que permitiria a extradição de suspeitos de crimes para julgamento no continente. Muitos

168

ATO III   A AMEAÇA À DEMOCRACIA GLOBAL

temiam que qualquer um em Hong Kong, incluindo um homem de negócios local, um trabalhador estrangeiro ou simplesmente alguém de passagem pela cidade, pudesse ser preso e entregue às autoridades do outro lado da fronteira, onde não há garantia de julgamento justo e devido processo legal. A disparidade entre sistemas judiciais e salvaguardas legais é o motivo pelo qual a maioria das democracias modernas, como os Estados Unidos, o Reino Unido, a Alemanha e o Japão, recusou-se a firmar tratados de extradição com a China. De fato, precisamente essa questão foi abordada durante as negociações de transferência da soberania; um acordo mútuo de transferência de fugitivos entre Hong Kong e a China foi especificamente excluído de nossas leis de extradição por causa de preocupações com possíveis perseguições políticas e violações dos direitos humanos.

Assim que o projeto de lei de extradição foi anunciado, a sociedade civil se sentiu ultrajada com o efeito potencialmente assustador da proposta sobre a liberdade de expressão em Hong Kong; a China é conhecida por punir os críticos do regime inventando contra eles acusações criminais, como sonegação de impostos e tráfico de drogas. O projeto de lei foi apresentado poucas semanas depois da badalada prisão de Meng Wanzhou, diretora financeira da gigante chinesa de tecnologia Huawei, pelas autoridades canadenses. O momento fez a comunidade de expatriados da cidade se preocupar com ações de retaliação de Pequim por meio do canal de extradição. "Se esse perigoso projeto de lei for aprovado", um amigo sino-americano disse para mim, "os comunistas podem pôr as mãos em quem eles não gostam. Podem fazer isso às claras e legalmente, sem recorrer a um sequestro, como fizeram no caso dos livreiros!"

Desconfiança de Pequim à parte, o que os honcongueses acharam ainda mais irritante foi a determinação obstinada de Carrie Lam de seguir em frente com o projeto de lei mesmo diante dos protestos públicos. Sua intransigência fez com que todos se perguntassem: por que ela está tão obcecada com um acordo que ninguém quer, quando a sociedade já está dividida como está, e há outras questões muito mais urgentes, como habitação e pobreza na velhice? É uma ideia de Pequim ou é um projeto de estimação dela, idealizado para impressionar seus chefes? Independentemente das respostas, a crise autoinfligida confirmou a imagem de Lam como uma burocrata surda e ressaltou os problemas de um governo não eleito.

DEMOCRACIA AMEAÇADA

Quando os grandes protestos começaram a irromper em junho, pareceu como se fosse uma repetição do Movimento dos Guarda-Chuvas, exceto que, dessa vez, os manifestantes estavam mais irritados e mais combativos do que seus antecessores. As vozes dos jovens passaram de barulhentas a ensurdecedoras, pois eles se recusaram a não ser levados a sério da maneira como foram em 2014. As manifestações de rua se expandiram rapidamente após duas marchas consecutivas de um milhão de pessoas não conseguirem atingir seu objetivo: o governo de Hong Kong e o governo chinês se recusaram a cancelar o projeto de lei de extradição apesar da participação recorde de manifestantes. Logo, os protestos pacíficos deram lugar a uma guerra de guerrilha urbana em grande escala.

Surgiu um tipo mais militante de manifestante, vestido de preto e usando capacetes amarelos e máscaras respiratórias, e o movimento cresceu em tamanho e organização. Sem rosto e sem liderança, o movimento se automobilizou por meio de aplicativos e começou a entrar em confronto com a polícia e a vandalizar propriedades de empresas consideradas pró--*establishment*. Alguns manifestantes arrancaram tijolos das calçadas e os arremessaram na polícia, enquanto outros jogaram coquetéis Molotov e incendiaram saídas de estações de metrô. Um fragmento de uma pichação contra o governo apresentou uma explicação pungente, se não uma justificativa, para o uso de táticas mais agressivas: "Foi VOCÊ que nos ensinou que protestos pacíficos não funcionam!".

Em resposta, a polícia deflagrou um uso sem precedentes da força contra os manifestantes, atingindo-os com balas de borracha, granadas de atordoamento, canhões de água e até munição real. Para piorar a situação, delinquentes contratados entraram na briga e espancaram de forma igual manifestantes e transeuntes, enquanto os policiais ficavam de braços cruzados ou escoltavam os agressores para longe. Tudo isso levou o sentimento contra a polícia ao nível mais alto de todos os tempos. Se Carrie Lam se parecesse com Darth Vader, então a Força Policial de Hong Kong seriam os Stormtroopers cobertos com armaduras e armados com blasters, aterrorizando os aldeões através da galáxia.

Nunca vou me esquecer da noite de julho em que os manifestantes enfrentaram um batalhão da tropa de choque em Sheung Wan, a poucos passos do coração financeiro da cidade. Pouco depois da meia-noite, as

170

ATO III   A AMEAÇA À DEMOCRACIA GLOBAL

autoridades começaram uma operação para desimpedir a área, disparando uma rápida sucessão de bombas de gás lacrimogêneo contra a multidão, transformando o tranquilo enclave residencial em um campo de batalha cheio de fumaça. Nathan e eu estávamos na linha de frente esperando argumentar com o oficial no comando, mas foi em vão. Sentimos dificuldade para respirar e começamos a tossir de maneira incontrolável. Nossas máscaras cirúrgicas, finas como papel, eram inúteis contra a fumaça que nos engolfava. Tentamos ser mais rápidos que as saraivadas de bombas de gás lacrimogêneo, mas havia muitas delas à nossa volta. *É o fim... Vou sufocar e morrer*, pensei, antes de Nathan encontrar uma saída e me puxar para um lugar seguro.

Em setembro, três meses depois de confrontos violentos ininterruptos converterem Hong Kong em uma zona de guerra urbana, Carrie Lam finalmente cedeu e anunciou a retirada total do projeto de lei de extradição. Contudo, sua concessão foi rejeitada pelos manifestantes como "muito pouca e muito tarde" e não conseguiu acalmar a raiva da população. Naquela altura, a campanha contra o projeto de lei de extradição já tinha evoluído para um movimento mais amplo de responsabilização e democracia. O grito de guerra nas ruas tinha mudado de "Sem extradição para a China" e "Cancele o projeto" para "Libertem Hong Kong; a revolução do nosso tempo!" e "Cinco demandas; nem uma a menos". Entre as cinco demandas, incluía-se a criação de uma comissão independente para investigar a conduta imprópria da polícia, a anistia para os manifestantes presos e o sufrágio universal.

Sob vários aspectos, essa nova rodada de revolta popular faz parte de uma maior tendência mundial de democracia baseada no cidadão. Na República Checa, na Rússia, no Irã, no Cazaquistão e na Etiópia, os cidadãos estão usando a pouca liberdade de expressão que têm à disposição para exprimir suas frustrações em relação à corrupção, às políticas econômicas fracassadas e ao retrocesso nas liberdades civis. Do outro lado do mundo, na Venezuela, por exemplo, o movimento do presidente Nicolás Maduro na direção de um regime autocrático, preenchendo o Poder Legislativo e o Poder Judiciário com aliados políticos e o subsequente colapso da economia venezuelana, levaram grandes multidões às ruas exigindo sua renúncia. Mais recentemente, no Chile, manifestações

171

DEMOCRACIA AMEAÇADA

violentas contra o aumento do preço da passagem do metrô se transformaram em uma revolta popular completa, que exige igualdade social. Da mesma maneira, no Líbano, os manifestantes ocuparam ruas e avenidas importantes de Beirute para se opor a uma série de impostos propostos e outras medidas de austeridade.

Enquanto isso, alguns movimentos de resistência são tão poderosos, e suas preocupações são tão universais, que transcendem as fronteiras geográficas e mobilizam cidadãos em todo o mundo. A Extinction Rebellion ["Rebelião da Extinção"], ou XR, por exemplo, começou no Reino Unido em maio de 2018, exigindo ação imediata do governo para lidar com as mudanças climáticas e tratá-las como a crise existencial que é. Nos 18 meses desde o seu início, o movimento se espalhou para mais de 60 cidades em cinco continentes, inspirando legiões de "XR Youth" ["Jovens XR"] a se juntarem à luta, graças em grande parte a vozes poderosas como a ativista adolescente sueca Greta Thunberg. Muitos desses movimentos populares, desde o XR até a campanha por uma lei sobre posse de armas após o massacre em uma escola em Parkland, nos Estados Unidos, são cada vez mais liderados pela Geração Y (millennials) e pela Geração Z, já que esses jovens costumam ser os mais impactados pela inação e aquiescência das gerações mais velhas.

Seja no mundo desenvolvido ou no mundo em desenvolvimento, a resistência de baixo para cima propiciada pelas redes sociais e ferramentas de *crowdsourcing* (terceirização coletiva) está de maneira lenta, mas firme, se aglutinando em um formidável "quinto poder", que é capaz de responsabilizar a classe dominante. Quando os três poderes de governo — Executivo, Legislativo e Judiciário — não são mais eficazes para salvaguardar os valores democráticos, e o quarto poder da imprensa livre está sendo alvejado e silenciado com crescente intensidade, o quinto poder emerge para propiciar os freios e contrapesos necessários sobre aqueles no poder.

Hong Kong é um exemplo disso. O Poder Executivo, incluindo o chefe de governo, é escolhido a dedo por Pequim para fazer o trabalho sujo. O Poder Legislativo, já repleto de partidários pró-*establishment*, tornou-se ainda mais impotente com a destituição arbitrária dos deputados de oposição. O Poder Judiciário independente, que já foi orgulho de Hong Kong e base de sua prosperidade econômica, está sendo solapado pela frequente interferência do Congresso Nacional do Povo, órgão legislativo central da China. Enquanto isso, empresas pró-Pequim estão exercendo pressão sobre os veículos de comunicação, retirando publicidade ou os engolindo completamente, como foi o caso da aquisição do *South China Morning Post* pelo gigante chinês do comércio eletrônico Alibaba, com o objetivo explícito de apresentar a China de forma positiva. Onde os outros quatro poderes falharam, o quinto poder baseado no cidadão entra para preencher o vazio. Esse padrão global de um movimento de protesto em massa agindo como contrapeso ao Estado é mais bem captado em uma fala do filme distópico *V de Vingança*: "Os povos não devem ter medo dos seus governos. Os governos devem ter medo dos seus povos".

Com Hong Kong mergulhando cada vez mais no caos, fiquei mais convencido do que nunca que não poderíamos travar essa batalha sozinhos. Nossa cidade em apuros precisava de um influenciador global para conseguir apoio no exterior e fazer lobby junto a governos estrangeiros para pressionar o nosso governo e o de Pequim. Eu estava pronto para assumir esse papel. Em setembro, viajei para Washington para testemunhar diante da Comissão Executiva do Congresso sobre a China (CECC). Estava acompanhado por Denise Ho, estrela da música pop cantonesa que se tornou ativista dos direitos humanos, e por Jeffrey Ngo, membro do Demosistō.

Jeffrey é estudante de doutorado da Universidade de Georgetown, em Washington, e contato internacional de fato do Demosistō. Jeffrey escreveu quase todos os meus discursos em minhas viagens ao exterior — seu inglês é muito melhor do que o meu — e nós dois colaboramos em diversos artigos opinativos em publicações internacionais, como *The Guardian*, *The Wall Street Journal* e *Time*.

O foco da audiência da CECC, intitulada "O verão do descontentamento de Hong Kong e as respostas políticas dos Estados Unidos", era duplo: primeiro, abordar a galopante agitação social desencadeada pelo projeto de lei de extradição; e segundo, conseguir apoio para a aprovação da Lei de Direitos Humanos e Democracia de Hong Kong de 2019. Uma vez aprovada, a lei permitirá que o governo norte-americano, entre outras coisas, aplique sanções contra funcionários do governo de alto escalão, como Carrie Lam e o secretário de Segurança John Lee, e também

DEMOCRACIA AMEAÇADA

membros da Força Policial de Hong Kong responsáveis por repressões violentas contra os manifestantes. O governo norte-americano pode negar a entrada de indivíduos que são objeto de sanção e congelar seus ativos nos Estados Unidos. Um segundo projeto de lei chamado PROTECT Hong Kong Act ["Lei de proteção de Hong Kong"] também foi apresentado. Esse projeto de lei visa a impedir as exportações norte-americanas de armas de controle de distúrbios para Hong Kong.

Durante a audiência, esforcei-me para explicar a gravidade da situação em Hong Kong. Eu disse:

A recente crise política transformou uma cidade global em um Estado policial. Eu descreveria a situação como o colapso da fórmula "um país, dois sistemas". Chegou o momento de buscar apoio bipartidário para a democratização de Hong Kong. Não é uma questão de esquerda ou de direita, mas de certo ou errado.

Foi encorajador ser ouvido por pesos pesados da política, como o senador Marco Rubio e o deputado e presidente da CECC Jim McGovern. Foi igualmente animador falar em uma sala repleta de honcongueses que vivem no exterior. O grande comparecimento contrastou totalmente com uma audiência semelhante no Congresso na qual estive presente cinco anos atrás, durante o Movimento dos Guarda-Chuvas, onde Jeffrey era praticamente a única pessoa de Hong Kong na plateia. Percorremos um longo caminho na geração de apoio e atenção dos honcongueses residentes no exterior.

Terminei meu testemunho com um pedido solene:

Chegou a hora de o Congresso dos Estados Unidos aprovar a Lei de Direitos Humanos e Democracia de Hong Kong. Também espero que o governo norte-americano priorize a questão dos direitos humanos ao rever sua política sobre a China.

Após a audiência, Denise, Jeffrey e eu fomos levados para outra sala, onde Nancy Pelosi, presidente da Câmara dos Representantes, e Eliot Engel, presidente da Comissão de Relações Exteriores, nos aguardavam para uma entrevista coletiva sob um enorme retrato de George Washington.

ATO III   A AMEAÇA À DEMOCRACIA GLOBAL

Depois da entrevista à imprensa, a presidente Pelosi me abraçou e disse: "Você é uma inspiração para os jovens de todos os lugares. Obrigado por sua coragem e determinação". Ela era a mesma congressista destemida que, em 1991, protestou na Praça da Paz Celestial com uma faixa ostentando as palavras "Para aqueles que morreram pela democracia na China", e que se tornou a mulher mais poderosa da política norte-americana. Sou grato por termos alguém como ela e como outras figuras poderosas da comunidade internacional torcendo por Hong King e lutando do nosso lado.

Quando nós três saímos do Capitólio, fomos insultados por uma multidão de manifestantes chineses furiosos, que estavam sendo contidos atrás de uma barreira policial. Eles gritaram "Traidores!" e "Lacaios do imperialismo!", enquanto agitavam bandeiras chinesas e socavam o ar. Olhei nos olhos o mais barulhento e disse, em mandarim: "Respire fundo esse ar de liberdade da América. Você não tem muito disso em casa".

175

CAPÍTULO 2

Peixe fora d'água:
A contagem regressiva para 2047

方枘圓鑿：倒數 2047

No início do verão de 2016, por um único minuto, todas as noites, a fachada do edifício mais alto de Hong Kong, o International Commerce Centre (ICC), transformava-se em um cronômetro digital gigante. Segundo a segundo, o relógio fazia a contagem regressiva até 1º de julho de 2047, a data de expiração do arranjo "um país, ICC dois sistemas" que garante a semiautonomia de Hong Kong. A instalação luminosa era uma obra de dois jovens artistas locais que queriam expressar sua ansiedade em relação à aproximação do prazo final e ao controle cada vez maior da cidade por Pequim. Quando a administração do edifício se deu conta da mensagem subversiva, o ICC cancelou o espetáculo de luzes e manteve distância do trabalho artístico. Contudo, os artistas já tinham alcançado seu objetivo: imagens da chamada "máquina de contagem regressiva" tinham sido estampadas nas redes sociais e nos jornais de todo o mundo.

Existe o clichê da era colonial de que Hong Kong é um *borrowed place on borrowed time* ("lugar que se pegou emprestado e está com os dias contados"). Como todos os clichês, esse tem algum grau de verdade. Antes da transferência da soberania, cidadãos nervosos fizeram a contagem regressiva até o fim do domínio britânico. Assim que o relógio bateu meia-noite, em 30 de junho de 1997, um cronômetro de 50 anos começou a fazer tique-taque. Para seus 7,5 milhões de habitantes, Hong Kong é um grande imóvel de aluguel e nós somos seus inquilinos. Nada jamais nos pertence completa ou permanentemente.

ATO III A AMEAÇA À DEMOCRACIA GLOBAL

Porém, não precisamos esperar até 2047 para saber que algo não está certo. Duas décadas após a transferência da soberania, o impacto real do domínio chinês, por mais inócuo que parecesse, finalmente foi entendido. Os cidadãos estão percebendo que o arranjo "um país, dois sistemas" é mais um mito do que uma promessa. As revoltas populares dos últimos anos, desde o Movimento dos Guarda-Chuvas até a crise do projeto de lei de extradição, ainda em desenvolvimento, ressaltaram as contradições inerentes dentro do arranjo: como alguém pode confiar em um Estado totalitário para administrar ou mesmo tolerar uma sociedade livre?

"Os habitantes de Hong Kong foram enganados pelo Partido Comunista Chinês", costumo dizer aos estrangeiros que me perguntam o que penso a respeito da fórmula "um país, dois sistemas". "O PCC não entende os valores liberais, e muito menos pensa em adotá-los. É tão paradoxal quanto os Estados Unidos administrarem um enclave comunista em seu território". De qualquer maneira, uma Hong Kong democrática sob domínio chinês é tão fora de propósito quanto um peixe fora d'água.

China e Hong Kong nem sempre estiveram em desacordo. É difícil imaginar que houve realmente uma época, não muito tempo atrás, em que mãe e filha tinham boas relações. Após a colônia britânica se converter em uma região administrativa especial sem problemas, os cidadãos começaram a ver seu destino entrelaçado com o dos seus irmãos e irmãs do continente. Acreditavam que, se a China prosperasse, Hong Kong também prosperaria, e vice-versa. A integração econômica transfronteiriça não era apenas uma inevitabilidade, como também era uma oportunidade. Muitos dos que tinham abandonado Hong Kong antes de 1997 decidiram retornar; alguns até se mudaram para o continente em busca de melhores salários e perspectivas de ascensão.

Em 2003, após a epidemia de SARS, o governo central relaxou as restrições de viagem para os residentes do continente visitarem Hong Kong, numa tentativa de reaquecer nossa economia deprimida com dólares do turismo. Os cidadãos agradecidos, que ficaram traumatizados por causa de uma doença mortal, os acolheram de braços abertos. Em 2008, após um terremoto catastrófico de magnitude 8 destruir partes da província de Sichuan, os honcongueses retribuíram o favor e fizeram uma corrente do bem. Abriram seus corações e carteiras, doando centenas de milhões de dólares em

177

ajuda e provisões. No primeiro domingo após o terremoto, a congregação da minha igreja observou um minuto de silêncio para homenagear as vítimas da catástrofe e colocou caixas de donativos em todo o local.

Algo semelhante a patriotismo começou a surgir entre os cidadãos. Continuou a crescer e atingiu um pico durante os Jogos Olímpicos de Pequim, em 2008, a festa de apresentação da China para o mundo. Os moradores de Hong Kong afluíram à capital para torcer pelo "time da casa", acenando a bandeira vermelha com cinco estrelas e cantando "Ponha gasolina, China!", significando "Vai nessa!". Na época, eu tinha 11 anos, e um dos meus colegas de classe que tinha ido aos Jogos me presenteou com um chaveiro do Fuwa, o mascote oficial. Ele me mostrou fotos dele posando em frente ao icônico centro aquático Cubo d'Água. Toda a sua família estava usando camisetas com os dizeres "I ♥ China".

No entanto, o lampejo do orgulho chinês não durou. O fluxo maciço e irrestrito de visitantes cruzando a fronteira começou a complicar o trânsito, e a cidade se transformou gradualmente em uma gigantesca loja isenta de impostos para os moradores do continente. Os aluguéis das lojas dispararam e os amados restaurantes e lojas familiares deram lugar às cadeias de cuidados com a pele e farmácias impessoais para atrair o dólar vermelho. Pior, Hong Kong tornou-se um refúgio para prósperos empresários chineses e funcionários públicos de alto escalão esconderem suas fortunas das autoridades, elevando os preços dos imóveis no processo. Nos dez anos anteriores ao Movimento dos Guarda-Chuvas, os preços dos imóveis residenciais mais do que dobraram e Hong Kong virou a cidade mais cara do mundo para a aquisição de um imóvel ano após ano.

Nossas queixas cotidianas contavam apenas metade da história. Desde que o presidente Xi Jinping assumiu o poder em 2012, o controle de Pequim sobre a sociedade de Hong Kong passou de firme para sufocante. Desde o modelo de 31 de agosto, que frustrou nossas esperanças de sufrágio universal, até os sequestros dos livreiros, o Oathgate e as prisões políticas, os honcongueses podem sentir o terreno político mudando e encolhendo simultaneamente sob seus pés. Os confrontos políticos sucessivos confirmam a noção de que Hong Kong não se livrou e nunca se livrará de sua condição de colônia. Simplesmente fomos entregues de um senhor imperialista para outro.

ATO III A AMEAÇA À DEMOCRACIA GLOBAL

A crescente sensação de não pertencer à metrópole contribuiu para uma crise de identidade coletiva. Pesquisa após pesquisa tem mostrado que os cidadãos, sobretudo os jovens, estão se distanciando do rótulo de "chineses" e se identificando cada vez mais como "honcongueses", "povo de Hong Kong" ou qualquer outra denominação que não contenha a "palavra com C". Esse sentimento "tudo menos chinês" cresceu conforme uma nova identidade estava sendo forjada. Essa nova autoimagem é mais bem captada pela canção de protesto da recente crise do projeto de lei de extradição, intitulada "Glória a Hong Kong":

Quando a alvorada chegar, libertaremos Hong Kong
Irmãos e irmãs andem de braços dados
Na revolução do nosso tempo
Nossa busca por liberdade e democracia não vacilará
Que a glória esteja com Hong Kong

A relação de amor e ódio entre mãe e filha é uma via de mão dupla. Por mais que os moradores de Hong Kong vejam a China Comunista com desconfiança e desprezo, a China Comunista também está reavaliando sua abordagem para administrar Hong Kong. A adesão da China à Organização Mundial do Comércio — e o crescimento econômico vertiginoso que se seguiu — significa que Hong Kong não é nem de longe tão importante financeira e estrategicamente para Pequim como era antes. De fato, a China fez um esforço concentrado desde a transferência da soberania para preparar Xangai e Shenzhen como substitutos viáveis para a criança rebelde. As multinacionais estão cada vez mais ignorando Hong Kong e instalando sedes regionais no continente, apesar dos muitos riscos de fazer negócios na China: desde o roubo de propriedade intelectual até a falta de Estado de Direito.

Para a liderança comunista, Hong Kong não é mais uma galinha dos ovos de ouro. O que antes era uma porta de entrada para a China agora é percebido por Pequim como uma explosiva base de subversão. Tanto o Movimento dos Guarda-Chuvas como a crise relativa ao projeto de lei de extradição são vistos como desafios abertos para o domínio chinês. Se não for controlada, a dissidência desregrada pode se espalhar para o continente e

179

DEMOCRACIA AMEAÇADA

ameaçar a própria estabilidade do regime comunista. Pelos cálculos de Pequim, a região administrativa especial não vale o incômodo, e a única maneira de controlar o que a liderança considera como um bando de chorões ocidentalizados é mantê-los em um estado de adolescência perpétua, nunca permitindo que alcancem a maturidade política.

Essa desconfiança e desprezo mútuo é o pano de fundo sobre o qual Hong Kong se dirige para 2047. O prognóstico para os vinte e poucos anos restantes é sombrio, já que a repressão gera desafio, e desafio gera mais repressão. Essa perspectiva soturna não passa despercebida para nós. Um segundo êxodo já está em curso, com honcongueses fugindo em massa da cidade, como seus pais fizeram nas décadas de 1980 e 1990. Nos últimos dois anos desde que eu estava na prisão, muitos parentes e amigos da família se desarraigaram e se mudaram para o exterior. Ultimamente, as livrarias locais estão cheias de títulos como *Guia para honcongueses abrirem um café em Taiwan* e *Emigração para a Europa para leigos*. As mesmas conversas que a geração dos meus pais costumava ter na faixa dos vinte e trinta anos são ouvidas de novo ao redor da mesa de jantar e da máquina de café do escritório: "Como funciona o sistema de pontos australiano? Minha pontuação vai aumentar se eu comprar um imóvel" ou "Você deve ir embora agora enquanto seus filhos ainda são pequenos. Eles vão assimilar melhor e vão aprender a falar inglês sem sotaque".

Quase na metade da contagem regressiva dos 50 anos, Hong Kong está em uma encruzilhada existencial. A suposição de que meio século é tempo suficiente para a China Comunista democratizar ou pelo menos encontrar um meio-termo para nós em termos de reforma política foi contestada de forma espetacular. Em 2047, a cidade ficará onde está — se Pequim achar que serve aos seus interesses renovar a política de "um país, dois sistemas" — ou, mais provavelmente, se integrará totalmente ao resto da China em um cenário de "um país, um sistema". Com base na trajetória atual, o lamento popular de que "Hong Kong se tornará apenas mais uma cidade do continente" parece inevitável. As outras duas opções — de que os honcongueses alcançarão a independência total ou sobreviverão ao regime comunista como o Leste Europeu sobreviveu em relação à União Soviética — parecem improváveis, dada a ascensão aparentemente irreversível da China à predominância econômica e política.

180

ATO III A AMEAÇA À DEMOCRACIA GLOBAL

Mas, independentemente de quanto o futuro pareça sombrio, recuso-me a ceder à crescente sensação de que não há nada que possamos fazer e que Hong Kong seja um caso encerrado. À medida que os ponteiros do relógio avançam para 2047, fico mais convencido do que nunca de que nossa busca por liberdade e democracia prevalecerá no fim. Meu otimismo está enraizado não só na minha convicção de que a democracia é um movimento global inevitável, que nem mesmo o regime mais terrível pode reverter, mas também em minha fé inabalável no povo de Hong Kong. Estamos unidos por nossa coragem, tenacidade, resiliência, engenhosidade e senso de propósito, resumidos em uma única frase usada há muito tempo para descrever a essência do povo de Hong Kong: o "espírito da Lion Rock".* É a crença coletiva de que podemos superar qualquer adversidade se nos esforçarmos o suficiente, uma crença inspirada na montanha homônima que vigia nossa terra desde tempos imemoriais.

Então, ainda não pense que estamos fora dessa. Ao longo de nossa história, todo cético que profetizou o fim de Hong Kong — durante a ocupação japonesa na Segunda Guerra Mundial; na retomada do poder pela China na virada do milênio; quando uma epidemia mortal assolou a cidade em 2003; e quando uma revolta popular em grande escala abalou suas fundações em 2014 — foi desmentido. Independentemente dos obstáculos, a cidade alcançará a maturidade política e atingirá seu pleno potencial como farol de resiliência e resistência em todo o mundo. Tenho certeza disso.

Em 2047, terei exatamente 50 anos. Quero poder dizer aos meus filhos que, outrora, seu pai combateu o bom combate para proteger sua terra natal. Direi a eles que seu pai não cometeu o mesmo erro que a geração dos seus avós na transferência da soberania, quando deixaram que outras partes decidissem seu próprio futuro.

---

* Lion Rock (Rocha do Leão) é o nome de uma montanha situada em Hong Kong com 495 metros de altura. (N. T.)

CAPÍTULO 3

Um mundo, dois impérios: Uma nova Guerra Fria

兩雄相爭：新冷戰思為

Em 1º de outubro de 2019, o Partido Comunista Chinês comemorou o septuagésimo aniversário da fundação da República Popular da China. A celebração de um dia inteiro culminou com um grande desfile militar na Praça da Paz Celestial, o maior do gênero na história do partido. Enquanto os aviões de caça passavam zunindo por cima das cabeças, em formações perfeitas, um comboio de mísseis capazes de lançar armas nucleares e outros sistemas de armas nunca antes vistos atravessavam tonitruantes a Avenida Chang'an sob o olhar atento do presidente Xi Jinping. Em seu discurso, Xi declarou sob aplausos estrondosos: "O povo chinês se levantou! Nenhuma força pode impedir a China e seu povo de seguir em frente!".

Por décadas, desde o início da iniciativa de "reforma e abertura" de Deng Xiaoping em 1978 — a versão econômica da Glasnost e da Perestroika de Gorbachev, medidas econômicas e políticas que procuraram reformar a União Soviética no início da década de 1980 — e o Massacre da Praça da Paz Celestial que quase a inviabilizou, o mundo livre atuou supondo que a prosperidade econômica promoveria reformas políticas na China Comunista. Com a melhoria da qualidade de vida, argumentava-se, o povo chinês se tornaria mais educado e conectado com o resto do mundo. Exigiria mais liberdade e prestação de contas daqueles que estão no poder, forçando-os a modernizar e democratizar o sistema político do país. A fórmula já funcionou em outros países da Ásia, por exemplo, na Coreia do

ATO III A AMEAÇA À DEMOCRACIA GLOBAL

Sul e em Taiwan, e por que não na China? Tempo e dinheiro também seguirão seu curso ali, no "Reino do Meio".

Os sucessores de Deng, Jiang Zemin e Hu Jintao, mantiveram a fórmula em grande parte. Eram agressivos no crescimento econômico e relativamente moderados no fervor nacionalista e no controle ideológico. Foi com base nisso que, em 2003, a China foi admitida na Organização Mundial do Comércio (OMC) e consolidou sua posição como "a fábrica do mundo". Em 2008, os Jogos Olímpicos de Pequim foram uma maneira da China dizer ao mundo que era a potência econômica benevolente que dizia ser e que sua "ascensão pacífica" não era boa apenas para o seu povo, mas também para o mundo.

Então, em 2012, tudo mudou quando Xi Jinping derrotou seus rivais políticos na mudança de liderança decenal e ascendeu ao papel de líder supremo. Filho de um revolucionário proeminente, que lutou lado a lado com Mao durante a Guerra Civil Chinesa, Xi é um lobo em pele de panda, cuja personalidade pública gentil e discreta esconde ambição e brutalidade. Desde que assumiu o trono, ele procurou garantir um lugar ao lado de Mao no panteão dos poderosos líderes comunistas. Em 2017, Xi fez manobras para ter sua teoria política consagrada na Constituição chinesa, ao lado dos ensinamentos de Mao e Deng. Alguns meses depois, ele engendrou uma emenda constitucional para eliminar os limites do mandato presidencial, coroando-se efetivamente imperador para o resto da vida.

Internamente, Xi consolidou com êxito o poder expurgando rivais políticos por meio de uma campanha nacional anticorrupção e esmagando a dissidência sob o pretexto de harmonia social. O governo chinês implantou reconhecimento facial, vigilância on-line e outras tecnologias de ponta para monitorar seus cidadãos e manipular a opinião pública. Centenas de advogados de direitos humanos foram presos e acusados de incitar a subversão. As congregações católicas são regularmente perseguidas e empurradas para a clandestinidade, enquanto suas igrejas são invadidas e demolidas. O tibetanos foram despojados da sua liberdade de expressão, religião e circulação. Na província de Xinjiang, até 3 milhões de muçulmanos uigures foram presos ou enviados para campos de reeducação.

Internacionalmente, a China tem flexionado seus músculos militares, construindo ilhas artificiais como bases navais e aéreas no Mar da China

183

Meridional, enervando vizinhos como Malásia, Indonésia e Filipinas. O país se tornou claramente mais assertivo em disputas territoriais com Japão, Índia e Vietnã. O governo chinês também foi acusado de promover ataques cibernéticos coordenados em redes governamentais e agências de pesquisa dos Estados Unidos, Canadá, Austrália e Índia.

Essa demonstração de *hard power* (poder duro) é acompanhada por uma ofensiva de *sharp power* (poder cortante). A China tem exercido sua crescente influência financeira e cultural para atrair, coagir, manipular e intimidar outros países com aquiescência e cooperação. Instalou centenas de Institutos Confúcio em todo o mundo para disseminar propaganda sob o pretexto de ensino de idioma e intercâmbio cultural. Sob os auspícios de sua ambiciosa Iniciativa do Cinturão e Rota, a China apresentou agressivamente seu modelo econômico baseado em infraestrutura para países como Mianmar, Sri Lanka, Cazaquistão e Chipre. Os contratos de construção civil de bilhões de dólares concedidos às empreiteiras chinesas costumam envolver corrupção e são financiados mediante dívidas esmagadoras que servem para aumentar a influência política chinesa sobre o governo estrangeiro.

A combinação de incentivos e punições na diplomacia regional permitiu que a China exportasse muito mais do que bens manufaturados e know-how em infraestrutura. Cada vez mais, Xi está tentando espalhar sua marca própria de regime de partido único na Ásia e para além dela, assim como a União Soviética tentou espalhar o comunismo na época da Guerra Fria. As empresas chinesas comercializam e vendem sistemas de vigilância dos cidadãos, eufemisticamente conhecidos como tecnologia de "cidade inteligente", para autocracias no Oriente Médio e na América Latina. A ajuda econômica de Pequim e o apoio aberto para a Coreia do Norte e Mianmar são um dos motivos principais pelos quais esses regimes brutais continuam a agir com impunidade, apesar da condenação e isolamento internacionais.

A influência econômica e a estatura política sem precedentes da China converteram diversos governos em aliados e facilitadores, principalmente seus vizinhos na Ásia. Um exemplo se deu particularmente em um país perto de casa. Em outubro de 2016, enquanto eu estava a caminho de dar uma palestra sobre ativismo juvenil na Universidade de

Chulalongkorn, em Bangkok, fui detido pelas autoridades tailandesas no aeroporto sem qualquer explicação. Durante minha detenção em uma cela escura, um dos policiais me disse em um inglês macarrônico: "Aqui é a Tailândia, não Hong Kong. Tailândia é como a China!". Ele estava se referindo à falta de proteção dos direitos humanos nos dois países. De longe, foram as horas mais assustadoras da minha vida, não apenas por causa da barreira linguística, mas também porque eu estava em um território estrangeiro sem acesso a um advogado. Pior, o incidente aconteceu logo após os sequestros dos livreiros de Causeway Bay. Um dos sequestrados tinha desaparecido durante as férias em Pattaya, resort de praia na Tailândia. Apesar de ter sido libertado depois de 12 horas e enviado de volta para Hong Kong no mesmo dia, o episódio serviu de alerta para mim: o longo braço de Pequim alcançava muito além do seu território e diversos governos estrangeiros foram intimidados a fazer o serviço para os chineses. Hoje, minha mobilidade na região continua sendo bastante limitada; consigo contar em uma mão todos os países da Ásia que considero seguro para ir: Japão, Coreia do Sul e Taiwan.

A essa altura, qualquer pretensão de que a China esteja em ascensão pacífica ao status de superpotência foi destruída de uma vez por todas. A segunda nação mais poderosa do mundo está contribuindo para uma tendência global preocupante, em que regimes autocráticos estão usurpando direitos democráticos tanto domesticamente quanto internacionalmente. Vimos a Rússia, outra superpotência autoritária, reprimir ativistas antigovernamentais no país e anexar a Crimeia da vizinha Ucrânia. Da mesma maneira, o governo de Narendra Modi, na Índia, tentou silenciar a oposição no país e invadiu a região semiautônoma da Cachemira, assim como o regime militar turco aprisionou jornalistas e desalojou milhões de curdos no norte da Síria.

Sua motivação é singular: a autoperpetuação. Para consolidar e manter o poder internamente, esses regimes não demonstraram qualquer escrúpulo em esmagar dissidentes, prejudicar a sociedade civil e remover obstáculos que atravessam seu caminho. Fora de suas fronteiras, flexionam seus músculos militares para fazer uma demonstração de força no exterior e, mais crucialmente, para impressionar e intimidar o público doméstico. Essas ofensivas duplas são cruciais porque os regimes autocráticos costumam

DEMOCRACIA AMEAÇADA

estar envolvidos em conflitos internos entre facções centralmente, enquanto combatem insurgências populares regionalmente. Por mais invencíveis e invulneráveis que pareçam para o mundo exterior, a estratégia de duas frentes é a única maneira desses regimes manterem o poder e prolongar sua existência. Na China, a simultânea expansão territorial externa e a repressão brutal contra minorias e ativistas de direitos humanos internamente são exemplo disso.

Mas isso não é tudo. A Iniciativa do Cinturão e Rota do presidente Xi, que abrange o continente, sugere uma ambição ainda maior: desafiar o predomínio norte-americano no comércio mundial e na diplomacia global. Sob vários aspectos, a fórmula "um país, dois sistemas" para Hong Kong também é como a liderança comunista enxerga sua relação com o resto do mundo. Em sua grande visão de uma nova ordem global, Xi está promovendo o arranjo "um mundo, dois impérios", em que os Estados Unidos e seus aliados defendem sua ideologia liberal baseada em direitos, enquanto a China e outros Estados de partido único exigem não interferência do mundo livre e perseguem discretamente uma agenda opressiva e expansionista. A Iniciativa do Cinturão e Rota é uma tentativa mal disfarçada de criar um bloqueio estratégico para se opor ao sistema de alianças liderado pelos Estados Unidos com Japão, Coreia do Sul, Filipinas, Taiwan e Austrália, que tem sido o baluarte da segurança do Leste da Ásia desde a Segunda Guerra Mundial.

Uma nova guerra fria está germinando entre a China e o resto do mundo democrático, e Hong Kong está resistindo em uma de suas primeiras batalhas. Nada capta essa tensão mais vividamente do que os momentos surreais de "tela dividida" em 1º de outubro de 2019, quando a cobertura ao vivo das comemorações em Pequim do septuagésimo aniversário da fundação da República Popular da China foi exibida lado a lado com cenas de manifestantes antigovernamentais enfrentando gás lacrimogêneo e jogando ovos nos retratos de Xi nas ruas de Hong Kong. O contraste entre as duas narrativas não apenas simboliza a luta de Davi e Golias dos habitantes de Hong Kong contra um regime que é infinitamente mais poderoso, mas também envia uma mensagem clara para o mundo de que o crescente controle da China sobre Hong Kong faz parte de uma ameaça muito maior à democracia global.

Em maio de 2019, cinco meses antes das comemorações do Dia Nacional da China, fui preso pela segunda vez. Passei sete semanas na prisão de Lai Chi Kok por violar uma ordem judicial durante o Movimento dos Guarda-Chuvas. Procurei consolar meus pais minimizando a situação, dizendo-lhes que havia absorvido bastante gírias de prisão em Pik Uk para me enturmar com os presos. Brinquei que meu maior arrependimento seria ter de perder a noite de estreia de *Vingadores: Ultimato*, a sequência de *Vingadores: Guerra Infinita*, que vi e revi diversas vezes.

Antes de ir para a prisão, um jornalista estrangeiro me pediu uma frase de impacto sobre minha segunda prisão e a repressão da China aos ativistas pró-democracia em geral. Lembrei da conversa com meus pais e disse: "Esse não é o nosso ultimato. Nossa luta é uma guerra infinita".

Receio que a guerra infinita que assolou Hong Kong durante o ano possa estar em breve em um cinema político perto de você.

CAPÍTULO 4

Sinal de alerta:
Um manifesto global pela democracia

礦坑裏的金絲雀: 全球民主宣言

Na audiência da Comissão Executiva do Congresso sobre a China (CECC), na Colina do Capitólio, em setembro de 2019, emiti um alerta urgente:

> O que está acontecendo em Hong Kong é importante para o mundo. O povo de Hong Kong está posicionado na vanguarda para confrontar o governo autoritário da China. Se Hong Kong cair, o próximo pode ser o mundo livre.

Hong Kong é o meu local de nascimento e meu amado lar. Há muito mais neste lugar mágico do que salta à vista. Além dos arranha-céus que se elevam nos ares e dos shopping centers reluzentes, o território semiautônomo é o único lugar no território chinês em que os cidadãos ousam enfrentar os que estão no poder, porque nossa própria existência depende disso. Para o bem ou para o mal, as ondas de resistência dos últimos anos transformaram o centro financeiro em um bastião político.

Não obstante o esforço de Pequim para manter a cidade em um estado de adolescência perpétua, Hong Kong cresceu e superou a si mesma e ao seu senhor. Os honcongueses também evoluíram, passando de destacados seres econômicos a nobres combatentes da liberdade. Desde a transferência da soberania, estamos travando uma batalha solitária e improvável contra uma superpotência autocrática com os poucos recursos de que dispomos: nossa voz, nossa dignidade e nossa convicção.

188

ATO III A AMEAÇA À DEMOCRACIA GLOBAL

Na Turquia, na Ucrânia, na Índia, em Mianmar e nas Filipinas, os cidadãos estão resistindo aos regimes opressivos em defesa dos seus direitos decrescentes. Porém, em nenhum outro lugar do mundo, a luta entre o livre-arbítrio e o autoritarismo é mais claramente demonstrada do que aqui. Na nova guerra fria do transpacífico, Hong Kong é a primeira linha de defesa para deter ou pelo menos desacelerar a perigosa ascensão de uma superpotência totalitária. Como um sinal de alerta ou um sistema de alerta em um litoral propenso a tsunamis, estamos enviando um pedido de ajuda para o resto do mundo, para que contramedidas possam ser tomadas antes que seja tarde demais. Por mais que Hong Kong precise da comunidade internacional, a comunidade internacional precisa de Hong Kong, porque hoje Hong Kong é o resto do mundo amanhã.

A melhor maneira de ilustrar esse ponto é entender o "terror branco" que assolou Hong Kong desde que voltou ao domínio chinês. O termo se refere ao ataque sistemático à liberdade de expressão e a outros valores democráticos, não por meio de força militar bruta, mas por formas mais sutis de medo e intimidação. Por anos, as empresas locais em Hong Kong têm sido pressionadas tanto a se calar sobre assuntos políticos sensíveis, como a apoiar abertamente o governo chinês para evitar irritar Pequim ou perder o lucrativo mercado do continente. Em Hong Kong, sabe-se que os meios de comunicação se autocensuram por medo de perder as receitas publicitárias. Celebridades apareceram em confissões em vídeo para pedir desculpas por "ferir os sentimentos" do povo chinês depois de se meterem inadvertidamente em polêmicas políticas. Os sentimentos do povo chinês são tão fácil e frequentemente magoados que uma nova expressão foi criada: "síndrome do coração partido".

No auge dos protestos contra o projeto de lei de extradição, a Cathay Pacific — principal companhia aérea de Hong Kong e que depende muito do mercado chinês — demitiu duas dezenas de pilotos e comissários de bordo que simpatizavam com os manifestantes. O CEO da companhia aérea enviou uma carta a todos os 33 mil funcionários, advertindo de que eles poderiam ser demitidos por postarem mensagens de apoio aos protestos nas redes sociais e os incentivando a denunciar "comportamentos inaceitáveis" entre os funcionários. O incidente aconteceu enquanto eu estava em Washington, o que me incitou a fazer

DEMOCRACIA AMEAÇADA

um comentário à presidente da Câmara dos Representantes, Nancy Pelosi, após nossa entrevista coletiva. "Esse é um exemplo excelente do terror branco que eu mencionei em meu testemunho esta manhã", disse eu. "Tomara que o que aconteceu com a Cathay Pacific nunca aconteça com empresas norte-americanas."

Menos de um mês depois que disse essas palavras fatídicas, explodiu a polêmica envolvendo a National Basketball Association (NBA), desencadeando uma das maiores crises de relações públicas da história do esporte profissional. Em outubro de 2019, Daryl Morey, gerente geral do Houston Rockets, postou um tuíte em apoio aos protestos de Hong Kong. O comentário de Morey provocou uma enorme reação da China, resultando em eventos cancelados, retirada de anúncios e boicote por parte dos fãs de basquete do continente. Quando Adam Silver, comissário da NBA, revelou aos jornalistas que Pequim pressionou a franquia para demitir Morey, a China Central Television (CCTV), emissora estatal chinesa, alertou Silver a respeito de "retaliação mais cedo ou mais tarde" e "dramáticas consequências financeiras".

No mesmo mês, a Blizzard Entertainment, desenvolvedora e editora de videogames norte-americana, viu-se em um atoleiro diplomático semelhante. Temendo a reação da China, a Blizzard suspendeu Ng Wai Chung, jogador de esportes eletrônicos, por apoiar abertamente os manifestantes de Hong Kong e o despojou de seu prêmio em dinheiro (que foi posteriormente restabelecido após protestos internacionais). Em seguida, a Apple se curvou à pressão de Pequim e retirou de sua loja de aplicativos o HKmap. live, aplicativo de colaboração pública que os manifestantes usavam para rastrear a movimentação de policiais e evitar prisões. Em resposta à decisão da Apple, escrevi uma carta aberta ao CEO Tim Cook, exortando-o a honrar seu compromisso com a liberdade de expressão em face da opressão chinesa. Não fiz isso porque esperava uma resposta ou uma mudança de atitude da Apple, mas porque queria enviar uma mensagem urgente à comunidade internacional. Se até mesmo a Apple — a principal empresa de tecnologia do mundo e que, no passado, lutou com unhas e dentes contra as autoridades norte-americanas em defesa da privacidade dos usuários — se curvou à pressão autoritária, como podemos esperar que qualquer outra empresa ou pessoa enfrente a China no futuro?

Ainda que esses efeitos colaterais de grande visibilidade, todos ocorrendo em um curto espaço de tempo, tenham repercutido em todo o mundo, são "notícias velhas" para nós. O povo de Hong Kong se acostumou tanto a esse tipo de intimidação de um Estado orwelliano que isso não nos choca mais. Infelizmente, o que vem acontecendo há anos em Hong Kong agora está acontecendo no resto do mundo. Finalmente, os cidadãos de todo o mundo estão acordando para o fato de que a China comunista está se comportando cada vez mais de forma autoritária e mobilizando seu povo para forçar empresas estrangeiras a agir em conformidade com sua visão de mundo. Isso torna a China, simultaneamente o regime autocrático mais poderoso e o maior mercado consumidor do planeta, a maior ameaça à democracia global. Farhad Manjoo, colunista do *New York Times*, afirmou que a China é "uma crescente ameaça existencial à liberdade humana a nível mundial".

Nossa luta se tornou a sua luta, quer você goste ou não. É por esse exato motivo que o mundo livre não pode ficar de braços cruzados enquanto a situação de Hong Kong continua se deteriorando. Se Hong Kong cair, a primeira linha de defesa do mundo também cairá. E se os governos e as multinacionais continuarem a se curvar ao arco da gravidade chinesa, não demorará muito para que os cidadãos de todo o mundo sintam a mesma picada que sentimos todos os dias nas últimas duas décadas. Ao apoiar Hong Kong em sua resistência ao regime comunista, a comunidade internacional estará contribuindo para uma luta maior contra a disseminação da tirania que, como as mudanças climáticas e o terrorismo, ameaça o estilo de vida e a liberdade em todos os lugares. É por isso que apoiar Hong Kong significa apoiar a liberdade. E é por isso que você deve agir agora, antes que seja tarde demais.

Uma tempestade perfeita está se formando no Oriente. A China de Xi está sob pressão cada vez maior; por um lado, devido à desaceleração econômica fruto da guerra comercial crescente com os Estados Unidos e, por outro, pelos distúrbios regionais em Xinjang, Tibete e Hong Kong. Enquanto isso, com uma perigosa combinação de desemprego e inflação crescentes, o descontentamento social no continente está vindo à tona, esta última agravada por uma epidemia de peste suína africana que elevou o preço da carne de porco, gênero alimentício de primeira necessidade. Ao enfrentar desafios desestabilizadores de todos os lados, Xi está apostando no fortalecimento de sua posição, fomentando o nacionalismo na China e intensificando a repressão aos dissidentes. Ele espera escapar desses tempos turbulentos com uma mão mais pesada e ações mais céleres, o que, por sua vez, torna meu chamado a apoiar Hong Kong mais urgente e decisivo do que nunca. A retirada do projeto de lei de extradição por Hong Kong é simbolicamente significativa, pois é a primeira concessão feita por Xi desde que assumiu o poder em 2012. Nossa suada vitória sugere que o homem forte do tipo Mao não é invencível e que há luz no fim do túnel se trabalharmos juntos. Pense nisso. Se um grupo de jovens sem líderes, usando equipamentos de proteção básicos, pode arrancar uma concessão do regime autocrático mais poderoso do mundo, dono de uma das maiores forças armadas, imagine o que podemos conseguir se todos nós agirmos juntos.

É por isso que estou pedindo a ajuda de vocês.

Se a minha trajetória de ativismo mostrou uma coisa, é que até mesmo uma pessoa pode fazer a diferença, não importam as probabilidades. Seja qual for a sua idade, onde quer que esteja, você pode fazer parte de algo muito maior do que você. Se quiser ajudar a reverter o retrocesso dos direitos democráticos em Hong Kong e em todo o mundo, siga o plano de ação de dez pontos indicado a seguir:

1. **Abra uma conta no Twitter** e siga hashtags como #StandWithHong-Kong, #HongKongProtests e #FreedomHK. Traduza tuítes que você considera importantes ou inspiradores em sua língua para que cheguem a mais pessoas.

2. **Siga o noticiário sobre Hong Kong** em veículos de comunicação independentes, como *Hong Kong Free Press* (www.hongkongfp.com) e, se você sabe ler chinês, *Stand News* (www.thestandnews.com).

3. **Participe de protestos por Hong Kong** em sua cidade. Crie seu próprio Lennon Wall ou crie uma campanha viral do tipo desafio do balde de gelo para promover a conscientização acerca da situação de Hong Kong e da ameaça aos direitos democráticos representada pela China e por outros regimes autocráticos.

4. **Assista ao filme honconguês *Ten Years* (2015),** ao documentário ucraniano *Winter on Fire: Ukraine's Fight for Freedom* (2015) e ao

drama sul-coreano *1987: When the Day Comes* (2017). Esses filmes vão inspirá-lo — como me inspiraram — a se juntar à luta global contra a tirania e contra as injustiças sociais.

5. **Viaje a Hong Kong** para ver em primeira mão a situação e conversar com jovens honcongueses sobre suas crenças e experiências nas ruas. Viva a cidade em todo o seu fascínio e trauma.

6. **Escreva aos seus funcionários do governo** e aos legisladores encorajando-os a impor sanções contra funcionários do governo honconguês e à Força Policial de Hong Kong. Escreva uma carta ao Conselho de Segurança das Nações Unidas pedindo para pressionarem a China, para garantir liberdade e democracia em Hong Kong. Você pode fazer o download de modelos em www.demosisto.hk.

7. **Assine petições on-line em apoio** a Hong Kong e a qualquer outro lugar do mundo em que a liberdade de expressão dos cidadãos e outros direitos fundamentais estejam sob ameaça.

8. **Apoie empresas e meios de comunicação** que resistem ao terror branco da China e de outros regimes autocráticos. Da mesma maneira, evite empresas que sacrificam a liberdade de expressão em favor do lucro a curto prazo, submetendo-se a governos opressivos. Você pode obter uma lista de empresas que encorajamos a apoiar e aquelas a evitar em www.demosisto.hk.

9. **Faça uma doação** ao Hong Kong Democracy Council (www.hkdc.us/donate), com sede em Washington, que trabalhou incansavelmente ao longo dos anos para pressionar o governo norte-americano a apoiar a democratização de Hong Kong.

10. **Conte a cinco amigos seus** o que você aprendeu neste livro e compartilhe a história de Hong Kong com eles. Explique-lhes por que ficar ao lado de Hong Kong é ficar ao lado da liberdade e da democracia.

Uma das perguntas que costumam me fazer quando me dirijo a plateias de estudantes no exterior é como cidadãos comuns podem agir contra a erosão dos valores democráticos em seus países. Por mais que eles se solidarizem com a situação de Hong Kong, estão igualmente ou até mais preocupados com o declínio das liberdades em casa. Com a ascensão dos partidos políticos de extrema direita no Ocidente e o aumento similar do

DEMOCRACIA AMEAÇADA

populismo em outras partes do mundo, nem mesmo economias avançadas são poupadas do cenário de "sapo em uma fervura" como o enfrentado por Hong Kong. A seguir, estão cinco coisas que você pode fazer para combater essa ameaça global:

1. **Acompanhe o noticiário** e identifique sinais de alerta onde você vive, tais como maior polarização política, vigilância do cidadão, anúncios pagos por grupos de interesse especiais e uso da força policial em protestos não violentos.

2. **Opine sobre esses sinais de alerta**, compartilhando seus pensamentos nas redes sociais, conversando com seus representantes locais e ingressando em um grupo da sociedade civil que fale de suas preocupações. Lembre-se do slogan "Se você vir algo, não fique calado". Dê um pequeno passo e participe de algum evento da sociedade civil. Veja se esse faz você se sentir mais empoderado e energizado. Caso contrário, tente um diferente.

3. **Aprenda a identificar a desinformação** nas postagens das redes sociais e nos feeds de notícias. Visite sites de checagem de fatos e discuta o noticiário com os amigos. Acredito que é a melhor maneira de desenvolver letramento midiático e aprimorar suas habilidades de distinguir notícias reais de notícias falsas (fake news).

4. **Seja voluntário na campanha eleitoral** de um candidato político com quem você simpatiza. Poucas coisas lhe darão uma melhor compreensão do processo democrático do que o entendimento do sistema eleitoral e da imersão em uma campanha do começo ao fim.

5. **Organize seu próprio comício em pequena escala** sobre questões que o preocupam, ou em resposta aos sinais de alerta que você identificou na etapa 1. Trabalhe com amigos de ideias afins para criar faixas e cartazes simples. Lembre-se: toda campanha bem-sucedida começa com uma voz, um panfleto e um discurso. Acredite no poder do indivíduo.

Há um refrão popular nas ruas agitadas de Hong Kong: "Esse é o nosso problema e nós mesmos vamos resolver". É uma demonstração de coragem, fé e autoconfiança. Mas e se o nosso problema também for o seu? E se o nosso problema for tão grande que a única maneira de resolvê-lo for em conjunto?

Tudo o que fiz desde os 14 anos — Escolarismo, Demosistō, campanha contra o programa de Educação Nacional, Movimento dos Guarda-Chuvas, da sala do diretor à cela de prisão, falando na Praça Cívica e testemunhando na Colina do Capitólio — me levou a esse ponto: o momento mais desesperador de Hong Kong, mas também o melhor. Com sua ajuda e com a ajuda da comunidade internacional, Hong Kong prevalecerá e também a democracia em todo o mundo, porque esse sinal de alerta pode ser a melhor esperança do mundo para combater a crescente hegemonia da China.

Estamos todos no mesmo barco.

EPÍLOGO

結語

Em outubro de 2019, duas semanas depois do meu testemunho na Colina do Capitólio, a Câmara dos Representantes dos Estados Unidos aprovou a Lei de Direitos Humanos e Democracia de Hong Kong. Um mês depois, o Senado norte-americano também aprovou a lei. Em seguida, o presidente Donald Trump a sancionou. O senador Marco Rubio, que tinha proposto a legislação, disse no plenário do Senado:

> Os Estados Unidos enviaram uma mensagem clara para ao habitantes de Hong Kong que lutam por suas liberdades bastante estimadas: ouvimos vocês, continuamos a apoiá-los e não vamos ficar de braços cruzados enquanto Pequim solapa sua autonomia.

Enquanto isso, o senador norte-americano Josh Hawley apresentou um projeto de lei, o Hong Kong Be Water Act ["Lei Seja Água, Hong Kong"], pedindo sanções para combater a supressão da liberdade da expressão pelos governos de Hong Kong e da China. O projeto de lei foi proposto dois dias depois de as autoridades eleitorais locais me impedirem de concorrer ao Conselho Distrital sob a alegação de que a plataforma de autodeterminação do Demosistō viola a Lei Básica; o mesmo motivo apresentado para proibir a candidatura de Agnes na eleição para o LegCo em 2018.

Embora sanções contra as autoridades de Hong Kong sejam uma medida bem-vinda, pouco fizeram para atenuar as tensões em nossas ruas.

Enquanto escrevo isso, a cidade ainda está testemunhando explosões esporádicas de violência. Em novembro de 2019, por exemplo, a tropa de choque invadiu a Universidade Chinesa de Hong Kong e disparou mais de 1,5 mil bombas de gás lacrimogêneo e mais de 1,3 mil balas de borracha contra os manifestantes em um único dia de confronto. Uma semana depois, a polícia cercou a Universidade Politécnica, prendendo mais de mil manifestantes no campus por mais de 48 horas, antes que a maioria deles se rendesse.

O distúrbio prolongado paralisou o trânsito da cidade e os sistemas de transporte público. Muitos restaurantes, lojas, bancos e outras empresas foram forçados a fechar. O turismo entrou em queda livre e os principais eventos esportivos e culturais internacionais foram cancelados ou adiados.

Esses incidentes criaram consequências dramáticas para o nosso país. Juntamente com o impacto da atual guerra comercial entre Estados Unidos e China, Hong Kong entrou oficialmente em recessão no final do ano passado, depois que a economia encolheu pelo segundo trimestre consecutivo. Embora o governo seja rápido em apontar os dedos para os manifestantes, grande parte da culpa recai sobre a polícia de Hong Kong, que tem reagido às manifestações com força desproporcional e, em certos casos, com atos de brutalidade retaliatória.

Os protestos contra o projeto de lei de extradição não mostram sinais de arrefecimento. O movimento se transformou em uma crise em ondas, que mantém a sociedade de Hong Kong em ebulição. Em novembro de 2019, uma impressionante e esmagadora vitória do campo pró-democracia na eleição para o Conselho Distrital (na qual fui impedido de concorrer) foi amplamente considerada como um referendo sobre o movimento de protesto e levou a um cessar-fogo temporário entre os manifestantes e a polícia.

Mas essa trégua é frágil. Basta outro passo em falso por parte do governo ou da tropa de choque para desencadear o ressurgimento da violência em um ciclo aparentemente interminável de confrontos, repressões e prisões. Ninguém sabe quando, como e se os distúrbios chegarão ao fim. O que sabemos é que, quanto mais tempo durar, mais alto será o preço que ambos os lados terão de pagar. Quase 6 mil manifestantes, um parte substancial deles com menos de 18 anos, foram presos e acusados de crimes graves, como tumultos, incêndios criminosos e agressão a policiais. Existiram relatos não confirmados de mortes sendo disfarçadas pela polícia

ATO III A AMEAÇA À DEMOCRACIA GLOBAL

como suicídios. Dizem que a noite é mais escura antes do amanhecer. Em nosso caso, a noite ainda é jovem e nossa jornada ficará mais escura e mais perigosa antes de melhorar.

Enquanto isso, continuo viajando pelo mundo para contar a história de Hong Kong e mobilizar apoio internacional para a nossa luta. Entre as minhas viagens, reservo algum tempo para visitas às prisões, já que ainda existem algumas dezenas de ativistas atrás das grades e eles precisam de todo o apoio que podemos lhes dar. Considerando quantos jovens foram presos e acusados nas agitações políticas que ainda estão se deslindando, espera-se que outras centenas percam sua liberdade nos próximos meses.

A prisão política é um passo inevitável no caminho da democracia. Foi o caso na Coreia do Sul e em Taiwan e tem sido assim em Hong Kong. Longe de nos silenciar, a prisão só fortalecerá nossa determinação. Temos assuntos inacabados e não vamos parar até que nossa demanda pelo mais fundamental de todos os direitos — eleições livres e governo responsável pelos seus atos — seja satisfeita. De agora em diante, vamos parar de pedir gentilmente e vamos começar a gritar para que o resto do mundo possa nos ouvir.

AGRADECIMENTOS

É pela graça de Deus que o caminho do ativismo político me trouxe até aqui e me tornou a pessoa que sou hoje. E por isso, em primeiro lugar, quero agradecer a Deus por tomar conta de mim, da minha família e da cidade pela qual luto.

Nada do que faço teria sido possível — ou teria algum significado — se não fosse pelos meus pais: meu pai, que me batizou em homenagem ao grande profeta Josué, criou-me para ser um homem honesto e me ensinou a ser tão teimoso e persistente como ele; minha mãe, cuja paciência e cuidado me ajudaram não só a superar minha dislexia, como também a sentir mais compaixão e empatia por aqueles pelos quais não tenho nenhum motivo para nutrir tais sentimentos. Dizem que quando você se torna um ativista, traz toda a sua família com você. Nos últimos dez anos, coloquei meus pais em momentos difíceis, dei-lhes muitas noites sem dormir, neguei-lhes um tempo precioso em família e fiz muito pouco para compensar os sacrifícios que fizeram. Gostaria de pedir à minha mãe e ao meu pai minhas mais profundas desculpas e apresentar meus mais sinceros agradecimentos.

Por outro lado, há minha outra família: os rapazes e as garotas do Demosistō. Gostaria de agradecer ao meu cúmplice, Ivan Lam, que me acompanhou pela montanha-russa desde os primeiros dias do Escolarismo até todas as dificuldades e atribulações enfrentadas pelo Demosistō. Ivan nunca pede qualquer reconhecimento, mas quero dar crédito onde ele é devido há muito tempo: sem dúvida, ele é o membro mais confiável de nossa

DEMOCRACIA AMEAÇADA

equipe. Sou igualmente grato por ter Nathan Law lutando ao meu lado. A vitória de Nathan na eleição para o LegCo continua sendo a batalha mais bela que travei em minha carreira política. Agradeço também a Agnes Chow, que perseverou através dos altos e baixos do Escolarismo e do Demosistō e sob o olhar muitas vezes implacável da mídia; a Jeffrey Ngo, cujas iniciativas nas redes de contato internacionais levaram o Demosistō — e Hong Kong — ao cenário mundial; a Chris Kwok, amigo e colaborador desde a campanha contra o programa de Educação Nacional; a Lili Wong, que sempre me ouve e me conforta; a Tobias Leung, que trabalha duro e joga duro; a Arnold Chung, que me mantém alerta, desafiando minhas opiniões; a Isaac Cheng, nosso porta-voz mais jovem; a Tiffany Yuen, que me ensinou a me comportar em público; a Ian Chan, que trabalha incansavelmente nos bastidores; a Angus Wong e Kelvin Lam, ambos dedicados aos assuntos distritais; e a Au Nok Hin, meu mentor em envolvimento com a comunidade. Todos eles me orientaram e me toleraram ao longo dos anos e tornaram minha jornada no ativismo menos solitária e mais animada.

Agradeço a Jack Yu, Kerrie Wong e Justin Yim, amigos e mentores de longa data, que me apoiaram e me inspiraram desde aqueles dias felizes na UCC; a Dorothy Wong, que cuida de seus "filhos" no Demosistō e nos fez superar algumas das piores crises de relações públicas, e não é nada menos que uma fada madrinha para todos nós; a S. K., que me ajudou a "me reintegrar" na sociedade civil após minha soltura da prisão e é o irmão que nunca tive; a Tiffany C., que me ensinou uma lição de vida importante e sempre terá um lugar no meu coração; e a Fanny Y., Oscar L. e K. C., por serem amigos e confidentes de confiança, que distribuem incentivos e conselhos diários. Agradecimentos especiais a S. H., que me visitou e cuidou dos meus assuntos enquanto eu estava atrás das grades, me apoiou nos meus dias mais sombrios e solitários e me deu um motivo para sorrir mesmo nas situações mais sem esperança.

Gostaria de expressar minha gratidão a todos os jornalistas locais e estrangeiros que cobrem o movimento pró-democracia em Hong Kong. Seu profissionalismo, destemor e busca incansável da verdade são verdadeiramente inspiradores. Um agradecimento especial às jornalistas Vivian Tam e Gwyneth Ho, que me entrevistaram, traçaram meu perfil e me orientaram desde o primeiro dia. Também quero agradecer à minha equipe jurídica, em particular Jonathan Man, Donna Yau, Bond Ng, Jeffrey Tam e Lawrence Lok, que me ajudaram em todos os julgamentos e audiências extenuantes e demonstraram, por exemplo, o papel crítico desempenhado pelos advogados de direitos humanos em um movimento político.

Meus mais sinceros agradecimentos a Martin Lee, Pai da Democracia em Hong Kong, que me ensinou tudo que sei a respeito de ação de lobby internacional e continua a me orientar e educar até hoje; a Anna Cheung, que nos apoia em Nova York e Washington; a Eddie Chu, infatigável parlamentar pró-democracia, que deu ao Demosistō seu apoio incondicional; e ao cineasta Matthew Torne, ao produtor Andrew Duncan e ao diretor Joe Piscatella por acreditarem em mim e contarem a minha história no documentário.

Em relação ao livro, quero agradecer ao meu coautor Jason Y. Ng, que apoiou a mim e a minha causa desde a nossa primeira entrevista no Clube de Correspondentes Estrangeiros anos atrás. Ele levou a cabo esse projeto desafiador, emprestando sua arte como qualificado escritor de não ficção e desencavando diálogos e memórias esquecidos há muito tempo, que nunca pensei que seriam relevantes ou dignos de nota e que acabaram sendo a cola que mantém a narrativa unida e a centelha que dá vida à minha história. A arte de escrever de Jason é comparável ao seu refinamento culinário. É sempre um prazer passar noitadas em sua casa trocando opiniões políticas com o acompanhamento de sua deliciosa comida caseira.

Também gostaria de agradecer ao meu agente literário, à editora Hana Teraie-Wood e ao publisher Drummond Moir, da Penguin Random House, que são profissionais respeitados em suas áreas de atuação, que me orientaram no processo e com quem foi um verdadeiro prazer trabalhar. Sou grato pelo apoio que a Penguin Random House deu a esse projeto, apesar do clima político e da possível pressão que a editora pode enfrentar. Este livro, o meu primeiro escrito para o público internacional, não teria sido possível sem o interesse e a fé da Penguin Random House em Hong Kong.

Por último, mas igualmente importante, quero agradecer ao povo corajoso de Hong Kong, assim como o apoio generoso das pessoas em todo o mundo a mim e a minha cidade.

Joshua Wong

Dediquei minha carreira a escrever sobre Hong Kong — minha cidade natal, minha única fonte de inspiração e, em minha mente, o lugar mais esplêndido, cativante, instável, paradoxal e frustrante do planeta. Contar suas histórias é trabalho de toda uma vida, mas também um enorme privilégio. Da mesma maneira, quando fui convidado a ser o coautor das memórias de Joshua, senti-me tanto na obrigação de fazer justiça à ascensão meteórica de um jovem, que passou da condição de ativista adolescente à de ícone internacional dos direitos humanos, quanto honrado por me ter sido confiada essa gigantesca responsabilidade. Gostaria de agradecer a Joshua por sua confiança e fé em mim e, acima de tudo, a tudo que ele fez pela nossa cidade. Hong Kong tem sorte de ter um lutador como ele.

Meus agradecimentos a todos aqueles que me ajudaram em minha pesquisa, sobretudo a família de Joshua e seus amigos e colegas do Demosistō. Também sou grato ao meu parceiro Jack Chang por me aturar durante esses meses reclusos de escrita; ao meu agente, por sua paciência e orientação; à editora Hana Teraie-Wood e ao publisher Drummond Moir, que são tão perspicazes quanto agradáveis para trabalhar; e a Penguin Random House, por apoiar esse projeto, que exige coragem e firmeza.

Enquanto este livro está no prelo, Hong Kong continua envolvida em uma crise política sem precedentes em escala e intensidade. Quero agradecer a todos os jovens corajosos nas ruas, que estão lutando pelo futuro de nossa cidade com o pouco que têm e com tudo que têm.

Jason Y. Ng

CRONOLOGIA DOS PRINCIPAIS ACONTECIMENTOS

1842	A China cede a ilha de Hong Kong para a Grã-Bretanha
1º de outubro de 1949	Mao Tsé-Tung funda a República Popular da China
1958-1962	Grande Salto para Frente chinês
1966-1976	A Revolução Cultural chinesa
19 de dezembro de 1984	Assinatura da Declaração Conjunta Sino-Britânica sobre a devolução de Hong Kong
4 de junho de 1989	Massacre da Praça da Paz Celestial, em Pequim, na China
1º de julho de 1997	Transferência da soberania de Hong Kong da Grã-Bretanha para a China; Tung Chee-hwa se torna o primeiro chefe-executivo de Hong Kong
1997-1998	Crise financeira asiática
11 de dezembro de 2001	A China ingressa na Organização Mundial do Comércio
2003	Epidemia de SARS em Hong Kong
25 de junho de 2005	Donald Tsang se torna o segundo chefe-executivo de Hong Kong
2011	A China se torna a segunda maior economia do mundo

DEMOCRACIA AMEAÇADA

29 de maio de 2011	Joshua Wong funda o Escolarismo, grupo de ativistas estudantis
1º de julho de 2012	C. Y. Leung se torna o terceiro chefe-executivo de Hong Kong
8 de outubro de 2012	C. Y. Leung anuncia a retirada do programa de Educação Nacional depois de o Escolarismo liderar centenas de milhares de estudantes em uma manifestação em massa
15 de novembro de 2012	Xi Jinping se torna presidente e líder supremo da República Popular da China
31 de agosto de 2014	O Comitê Permanente do Congresso Nacional do Povo da China divulga "o modelo de 31 de agosto", restringindo a eleição livre do chefe-executivo de Hong Kong
26 de setembro de 2014	Invasão da Praça Cívica pelos membros do Escolarismo por causa da reforma eleitoral restritiva
28 de setembro de 2014	A tropa de choque repreende com bombas de gás lacrimogêneo os manifestantes pró-democracia; início do Movimento dos Guarda-Chuvas
15 de dezembro de 2014	Fim do Movimento dos Guarda-Chuvas
8 de fevereiro de 2016	Distúrbio civil do Ano-Novo Chinês em Mongkok
10 de abril de 2016	Joshua Wong e Nathan Law fundam juntos o partido político Demosistō
21 de julho de 2016	Condenação de Joshua Wong, Nathan Law e Alex Chow por reunião ilegal e incitação à invasão da Praça Cívica em 2014
4 de setembro de 2016	Nathan Law se torna o deputado mais jovem da história de Hong Kong
1º de julho de 2017	Carrie Lam se torna a quarta chefe-executiva de Hong Kong
14 de julho de 2017	Nathan Law perde seu mandato no LegCo por se afastar do juramento prescrito durante a cerimônia de posse (Oathgate)
17 de agosto de 2017	Prisão de Joshua Wong, Nathan Law e Alex Chow por reunião ilegal e incitação

CRONOLOGIA DOS PRINCIPAIS ACONTECIMENTOS

13 de outubro de 2017	Condenação de Joshua Wong, Lester Shum e diversos outros manifestantes por desacato à autoridade do tribunal
9 de abril de 2019	Condenação do Occupy Central Trio e diversos outros ativistas por seus papéis no Movimento dos Guarda-Chuvas
16 de maio de 2019	Segunda prisão de Joshua Wong por desacato à autoridade do tribunal
9 de junho de 2019	Início da crise política contra o projeto de lei de extradição
16 de junho de 2019	Dois milhões de cidadãos de Hong Kong tomam as ruas exigindo a retirada completa do projeto de lei de extradição
5 de setembro de 2019	A eleição para o Conselho Distrital termina com um vitória esmagadora do campo pró-democracia
28 de novembro de 2019	Os Estados Unidos sancionam a Lei de Direitos Humanos e Democracia de Hong Kong

ASSINE NOSSA NEWSLETTER E RECEBA INFORMAÇÕES DE TODOS OS LANÇAMENTOS

www.faroeditorial.com.br